卞尺丹几乙し丹卞と
Translated Language Learning

Siddhartha
Siddhártha

An Indian Poem
Indická Báseň

Hermann Hesse

English / Čeština

Copyright © 2024 Tranzlaty
All rights reserved
Published by Tranzlaty
Siddhartha – Eine Indische Dichtung
ISBN: 978-1-83566-678-4
Original text by Hermann Hesse
First published in German in 1922
www.tranzlaty.com

The Son of the Brahman
Syn Brahman

In the shade of the house
Ve stínu domu
in the sunshine of the riverbank
ve slunci na břehu řeky
near the boats
poblíž lodí
in the shade of the Sal-wood forest
ve stínu lesa Sal-wood
in the shade of the fig tree
ve stínu fíkovníku
this is where Siddhartha grew up
tady Siddhártha vyrostl
he was the handsome son of a Brahman, the young falcon
byl to hezký syn brahmana, mladého sokola
he grew up with his friend Govinda
vyrůstal se svým přítelem Govindou
Govinda was also the son of a Brahman
Govinda byl také synem Brahmanu
by the banks of the river the sun tanned his light shoulders
u břehů řeky mu slunce opálilo lehká ramena
bathing, performing the sacred ablutions, making sacred offerings
koupání, provádění posvátných omývání, přinášení posvátných obětí
In the mango garden, shade poured into his black eyes
V mangové zahradě se mu do černých očí vlil stín
when playing as a boy, when his mother sang
když si hrál jako kluk, když jeho matka zpívala
when the sacred offerings were made
když se konaly posvátné oběti
when his father, the scholar, taught him
když ho jeho otec, učenec, učil
when the wise men talked

když mudrci mluvili
For a long time, Siddhartha had been partaking in the discussions of the wise men
Siddhártha se po dlouhou dobu účastnil diskuzí s moudrými muži
he practiced debating with Govinda
cvičil debatu s Govindou
he practiced the art of reflection with Govinda
praktikoval umění reflexe s Govindou
and he practiced meditation
a praktikoval meditaci
He already knew how to speak the Om silently
Už věděl, jak tiše mluvit Óm
he knew the word of words
znal slovo slov
he spoke it silently into himself while inhaling
mluvil to tiše do sebe a přitom se nadechoval
he spoke it silently out of himself while exhaling
řekl to tiše ze sebe při výdechu
he did this with all the concentration of his soul
udělal to s veškerou koncentrací své duše
his forehead was surrounded by the glow of the clear-thinking spirit
jeho čelo obklopovala záře ducha jasného myšlení
He already knew how to feel Atman in the depths of his being
Už věděl, jak cítit Átman v hloubi své bytosti
he could feel the indestructible
cítil nezničitelnost
he knew what it was to be at one with the universe
věděl, jaké to je být v jednotě s vesmírem
Joy leapt in his father's heart
V srdci jeho otce poskočila radost
because his son was quick to learn
protože jeho syn se rychle učil
he was thirsty for knowledge

žíznil po vědění
his father could see him growing up to become a great wise man
jeho otec viděl, jak z něj vyrůstá velký moudrý muž
he could see him becoming a priest
viděl, jak se stává knězem
he could see him becoming a prince among the Brahmans
viděl, jak se stává princem mezi bráhmany
Bliss leapt in his mother's breast when she saw him walking
Blaženost skočila jeho matce do prsou, když ho viděla chodit
Bliss leapt in her heart when she saw him sit down and get up
Blaženost jí poskočila srdcem, když ho viděla sedět a vstávat
Siddhartha was strong and handsome
Siddhártha byl silný a hezký
he, who was walking on slender legs
on, který kráčel na štíhlých nohách
he greeted her with perfect respect
pozdravil ji s dokonalou úctou
Love touched the hearts of the Brahmans' young daughters
Láska se dotkla srdcí mladých dcer Brahmanů
they were charmed when Siddhartha walked through the lanes of the town
byli okouzleni, když Siddhártha procházel uličkami města
his luminous forehead, his eyes of a king, his slim hips
jeho zářivé čelo, jeho oči krále, jeho štíhlé boky
But most of all he was loved by Govinda
Ale ze všeho nejvíc ho miloval Govinda
Govinda, his friend, the son of a Brahman
Govinda, jeho přítel, syn bráhmana
He loved Siddhartha's eye and sweet voice
Miloval Siddhárthovo oko a sladký hlas
he loved the way he walked
miloval způsob, jakým chodil
and he loved the perfect decency of his movements
a miloval dokonalou decentnost jeho pohybů

he loved everything Siddhartha did and said
miloval všechno, co Siddhártha dělal a říkal
but what he loved most was his spirit
ale nejvíc miloval jeho ducha
he loved his transcendent, fiery thoughts
miloval své transcendentní, ohnivé myšlenky
he loved his ardent will and high calling
miloval jeho horlivou vůli a vysoké povolání
Govinda knew he would not become a common Brahman
Govinda věděl, že se nestane obyčejným Brahmanem
no, he would not become a lazy official
ne, nestal by se líným úředníkem
no, he would not become a greedy merchant
ne, nestal by se chamtivým obchodníkem
not a vain, vacuous speaker
ne ješitný, prázdný řečník
nor a mean, deceitful priest
ani zlý, lstivý kněz
and he also would not become a decent, stupid sheep
a také by se nestal slušnou, hloupou ovcí
a sheep in the herd of the many
ovce ve stádě mnoha
and he did not want to become one of those things
a nechtěl se stát jednou z těch věcí
he did not want to be one of those tens of thousands of Brahmans
nechtěl být jedním z těch desetitisíců bráhmanů
He wanted to follow Siddhartha; the beloved, the splendid
Chtěl následovat Siddhárthu; milovaný, nádherný
in days to come, when Siddhartha would become a god, he would be there
ve dnech, které přijdou, až se Siddhártha stane bohem, bude tam
when he would join the glorious, he would be there
až se připojí ke slavným, bude tam
Govinda wanted to follow him as his friend

Govinda ho chtěl následovat jako svého přítele
he was his companion and his servant
byl jeho společníkem a služebníkem
he was his spear-carrier and his shadow
byl jeho nositelem kopí a jeho stínem
Siddhartha was loved by everyone
Siddhártha byl všemi milován
He was a source of joy for everybody
Pro všechny byl zdrojem radosti
he was a delight for them all
byl pro ně všechny potěšením
But he, Siddhartha, was not a source of joy for himself
Ale on, Siddhártha, nebyl pro sebe zdrojem radosti
he found no delight in himself
nenašel v sobě žádné potěšení
he walked the rosy paths of the fig tree garden
kráčel po růžových stezkách zahrady fíkovníků
he sat in the bluish shade in the garden of contemplation
seděl v namodralém stínu v zahradě rozjímání
he washed his limbs daily in the bath of repentance
denně si umýval údy v lázni pokání
he made sacrifices in the dim shade of the mango forest
obětoval v šeru mangového lesa
his gestures were of perfect decency
jeho gesta byla naprosto slušná
he was everyone's love and joy
byl láskou a radostí všech
but he still lacked all joy in his heart
ale v srdci mu stále chyběla veškerá radost
Dreams and restless thoughts came into his mind
Na mysl mu přišly sny a neklidné myšlenky
his dreams flowed from the water of the river
jeho sny plynuly z vody řeky
his dreams sparked from the stars of the night
jeho sny jiskřily z nočních hvězd
his dreams melted from the beams of the sun

jeho sny se rozplývaly z paprsků slunce
dreams came to him, and a restlessness of the soul came to him
zdály se mu sny a přicházel k němu neklid duše
his soul was fuming from the sacrifices
jeho duše se vztekala z obětí
he breathed forth from the verses of the Rig-Veda
vydechl z veršů Rig-Védy
the verses were infused into him, drop by drop
verše se do něj vlévaly po kapkách
the verses from the teachings of the old Brahmans
verše z učení starých brahmanů
Siddhartha had started to nurse discontent in himself
Siddhártha v sobě začal pěstovat nespokojenost
he had started to feel doubt about the love of his father
začal pociťovat pochybnosti o lásce svého otce
he doubted the love of his mother
pochyboval o lásce své matky
and he doubted the love of his friend, Govinda
a pochyboval o lásce svého přítele Govindy
he doubted if their love could bring him joy forever and ever
pochyboval, že by mu jejich láska mohla přinášet radost navždy a navždy
their love could not nurse him
jejich láska ho nemohla kojit
their love could not feed him
jejich láska ho nemohla živit
their love could not satisfy him
jejich láska ho nemohla uspokojit
he had started to suspect his father's teachings
začal podezřívat učení svého otce
perhaps he had shown him everything he knew
možná mu ukázal všechno, co věděl
there were his other teachers, the wise Brahmans
byli tam jeho další učitelé, moudří bráhmani

perhaps they had already revealed to him the best of their wisdom
možná už mu odhalili to nejlepší ze své moudrosti
he feared that they had already filled his expecting vessel
bál se, že už naplnili jeho očekávanou nádobu
despite the richness of their teachings, the vessel was not full
navzdory bohatství jejich učení nebyla nádoba plná
the spirit was not content
duch nebyl spokojený
the soul was not calm
duše nebyla klidná
the heart was not satisfied
srdce nebylo spokojeno
the ablutions were good, but they were water
omývání bylo dobré, ale byla to voda
the ablutions did not wash off the sin
omývání nesmylo hřích
they did not heal the spirit's thirst
neuzdravili žízeň ducha
they did not relieve the fear in his heart
nezbavili strachu v jeho srdci
The sacrifices and the invocation of the gods were excellent
Oběti a vzývání bohů byly vynikající
but was that all there was?
ale bylo to všechno?
did the sacrifices give a happy fortune?
přinesly oběti šťastné štěstí?
and what about the gods?
a co bohové?
Was it really Prajapati who had created the world?
Byl to skutečně Prajapati, kdo stvořil svět?
Was it not the Atman who had created the world?
Nebyl to snad Átman, kdo stvořil svět?
Atman, the only one, the singular one
Átman, jediný, jedinečný

Were the gods not creations?
Nebyli bohové výtvory?
were they not created like me and you?
nebyli stvořeni jako já a ty?
were the Gods not subject to time?
nebyli bohové podřízeni času?
were the Gods mortal? Was it good?
byli bohové smrtelní? Bylo to dobré?
was it right? was it meaningful?
bylo to správné? bylo to smysluplné?
was it the highest occupation to make offerings to the gods?
bylo nejvyšším zaměstnáním přinášet oběti bohům?
For whom else were offerings to be made?
Pro koho jiného byly oběti činěny?
who else was to be worshipped?
kdo jiný měl být uctíván?
who else was there, but Him?
kdo jiný tam byl než On?
The only one, the Atman
Jediný, Átman
And where was Atman to be found?
A kde byl Átman k nalezení?
where did He reside?
kde bydlel?
where did His eternal heart beat?
kde tlouklo jeho věčné srdce?
where else but in one's own self?
kde jinde než v sobě?
in its innermost indestructible part
ve své nejvnitřnější nezničitelné části
could he be that which everyone had in himself?
mohl být tím, co měl každý v sobě?
But where was this self?
Ale kde bylo toto já?
where was this innermost part?
kde byla tato nejvnitřnější část?

where was this ultimate part?
kde byla tato poslední část?
It was not flesh and bone
Nebylo to z masa a kostí
it was neither thought nor consciousness
nebyla to ani myšlenka, ani vědomí
this is what the wisest ones taught
to učili ti nejmoudřejší
So where was it?
Tak kde to bylo?
the self, myself, the Atman
já, já, Átman
To reach this place, there was another way
Jak se dostat na toto místo, existovala jiná cesta
was this other way worth looking for?
stálo za to hledat tento jiný způsob?
Alas, nobody showed him this way
Bohužel, nikdo mu to neukázal
nobody knew this other way
nikdo to jinak neznal
his father did not know it
jeho otec to nevěděl
and the teachers and wise men did not know it
a učitelé a mudrci to nevěděli
They knew everything, the Brahmans
Věděli všechno, Brahmani
and their holy books knew everything
a jejich svaté knihy věděly všechno
they had taken care of everything
o všechno se postarali
they took care of the creation of the world
postarali se o stvoření světa
they described origin of speech, food, inhaling, exhaling
popisovali původ řeči, jídlo, nádech, výdech
they described the arrangement of the senses
popisovali uspořádání smyslů

they described the acts of the gods
popisovali činy bohů
their books knew infinitely much
jejich knihy věděly nekonečně mnoho
but was it valuable to know all of this?
ale bylo cenné tohle všechno vědět?
was there not only one thing to be known?
nebylo znát jen jednu věc?
was there still not the most important thing to know?
stále ještě nebylo to nejdůležitější, co byste měli vědět?
many verses of the holy books spoke of this innermost, ultimate thing
mnoho veršů svatých knih hovořilo o této nejniternější, nejzazší věci
it was spoken of particularly in the Upanishades of Samaveda
mluvilo se o tom zvláště v Upanishades Samaveda
they were wonderful verses
byly to nádherné verše
"Your soul is the whole world", this was written there
"Vaše duše je celý svět", bylo tam napsáno
and it was written that man in deep sleep would meet with his innermost part
a bylo napsáno, že člověk v hlubokém spánku se setká se svou nejniternější částí
and he would reside in the Atman
a bude bydlet v Átmanu
Marvellous wisdom was in these verses
V těchto verších byla úžasná moudrost
all knowledge of the wisest ones had been collected here in magic words
všechny znalosti těch nejmoudřejších zde byly shromážděny magickými slovy
it was as pure as honey collected by bees
byl čistý jako med sbíraný včelami
No, the verses were not to be looked down upon

Ne, na verše se nemělo dívat svrchu
they contained tremendous amounts of enlightenment
obsahovaly ohromné množství osvícení
they contained wisdom which lay collected and preserved
obsahovaly moudrost, která ležela shromážděná a uchovaná
wisdom collected by innumerable generations of wise Brahmans
moudrost shromážděná nesčetnými generacemi moudrých brahmanů
But where were the Brahmans?
Ale kde byli Brahmani?
where were the priests?
kde byli kněží?
where the wise men or penitents?
kde jsou mudrci nebo kajícníci?
where were those that had succeeded?
kde byli ti, kteří uspěli?
where were those who knew more than deepest of all knowledge?
kde byli ti, kteří věděli víc než nejhlouběji ze všech znalostí?
where were those that also lived out the enlightened wisdom?
kde byli ti, kteří také prožívali osvícenou moudrost?
Where was the knowledgeable one who brought Atman out of his sleep?
Kde byl ten znalý, který probral Átmana ze spánku?
who had brought this knowledge into the day?
kdo přinesl toto poznání do dne?
who had taken this knowledge into their life?
kdo si vzal toto poznání do svého života?
who carried this knowledge with every step they took?
kdo nesl tyto znalosti s každým jejich krokem?
who had married their words with their deeds?
kdo spojil jejich slova s jejich činy?
Siddhartha knew many venerable Brahmans
Siddhártha znal mnoho ctihodných Brahmanů

his father, the pure one
jeho otec, ten čistý
the scholar, the most venerable one
učenec, ten nejctihodnější
His father was worthy of admiration
Jeho otec byl hodný obdivu
quiet and noble were his manners
Jeho způsoby byly tiché a vznešené
pure was his life, wise were his words
čistý byl jeho život, moudrá byla jeho slova
delicate and noble thoughts lived behind his brow
za jeho čelem žily jemné a vznešené myšlenky
but even though he knew so much, did he live in blissfulness?
ale i když toho tolik věděl, žil v blaženosti?
despite all his knowledge, did he have peace?
měl navzdory všem svým znalostem klid?
was he not also just a searching man?
nebyl také jen hledajícím mužem?
was he still not a thirsty man?
ještě nebyl žíznivý?
Did he not have to drink from holy sources again and again?
Nemusel znovu a znovu pít ze svatých zdrojů?
did he not drink from the offerings?
nepil z obětin?
did he not drink from the books?
nepil z knih?
did he not drink from the disputes of the Brahmans?
nepil ze sporů bráhmanů?
Why did he have to wash off sins every day?
Proč musel každý den smývat hříchy?
must he strive for a cleansing every day?
musí se každý den snažit o očistu?
over and over again, every day
znovu a znovu, každý den
Was Atman not in him?

Nebyl v něm Átman?
did not the pristine source spring from his heart?
nevyvěral z jeho srdce ten původní zdroj?
the pristine source had to be found in one's own self
původní zdroj musel být nalezen ve vlastním já
the pristine source had to be possessed!
ten původní zdroj musel být posedlý!
doing anything else else was searching
dělat cokoli jiného bylo hledáním
taking any other pass is a detour
použít jakýkoli jiný průjezd je oklikou
going any other way leads to getting lost
jít jinou cestou vede ke ztrátě
These were Siddhartha's thoughts
To byly Siddhárthovy myšlenky
this was his thirst, and this was his suffering
toto byla jeho žízeň a toto bylo jeho utrpení
Often he spoke to himself from a Chandogya-Upanishad:
Často k sobě mluvil z Chandogya-Upanishad:
"Truly, the name of the Brahman is Satyam"
"Opravdu, jméno Brahman je Satyam"
"he who knows such a thing, will enter the heavenly world every day"
"Kdo něco takového zná, každý den vstoupí do nebeského světa"
Often the heavenly world seemed near
Často se zdálo, že nebeský svět je blízko
but he had never reached the heavenly world completely
ale nikdy se úplně nedostal do nebeského světa
he had never quenched the ultimate thirst
nikdy neuhasil tu nejvyšší žízeň
And among all the wise and wisest men, none had reached it
A mezi všemi moudrými a nejmoudřejšími muži toho nikdo nedosáhl
he received instructions from them
dostal od nich instrukce

but they hadn't completely reached the heavenly world
ale úplně nedosáhli nebeského světa
they hadn't completely quenched their thirst
ještě úplně neuhasili svou žízeň
because this thirst is an eternal thirst
protože tato žízeň je věčná žízeň

"Govinda" Siddhartha spoke to his friend
"Góvinda" Siddhártha promluvil ke svému příteli
"Govinda, my dear, come with me under the Banyan tree"
"Góvindo, má drahá, pojď se mnou pod strom Banyan."
"let's practise meditation"
"Pojďme cvičit meditaci"
They went to the Banyan tree
Šli ke stromu Banyan
under the Banyan tree they sat down
pod Banyanovým stromem se posadili
Siddhartha was right here
Siddhártha byl přímo tady
Govinda was twenty paces away
Govinda byl dvacet kroků daleko
Siddhartha seated himself and he repeated murmuring the verse
Siddhártha se posadil a opakoval zamumlání verše
Om is the bow, the arrow is the soul
Óm je luk, šíp je duše
The Brahman is the arrow's target
Cílem šípu je Brahman
the target that one should incessantly hit
cíl, který by měl člověk neustále zasahovat
the usual time of the exercise in meditation had passed
běžná doba cvičení v meditaci uplynula
Govinda got up, the evening had come
Govinda vstal, nastal večer
it was time to perform the evening's ablution
byl čas provést večerní mytí

He called Siddhartha's name, but Siddhartha did not answer
Zavolal Siddhárthovo jméno, ale Siddhártha neodpověděl
Siddhartha sat there, lost in thought
Siddhártha tam seděl, ztracený v myšlenkách
his eyes were rigidly focused towards a very distant target
jeho oči byly strnule zaměřeny na velmi vzdálený cíl
the tip of his tongue was protruding a little between the teeth
špička jeho jazyka trochu vyčnívala mezi zuby
he seemed not to breathe
zdálo se, že nedýchá
Thus sat he, wrapped up in contemplation
Tak seděl, zahalený do kontemplace
he was deep in thought of the Om
byl hluboce v myšlenkách na Om
his soul sent after the Brahman like an arrow
jeho duše poslala za Brahmanem jako šíp
Once, Samanas had travelled through Siddhartha's town
Jednou cestoval Samanas Siddhárthovým městem
they were ascetics on a pilgrimage
byli asketové na pouti
three skinny, withered men, neither old nor young
tři hubení, seschlí muži, ani staří, ani mladí
dusty and bloody were their shoulders
ramena měli zaprášená a krvavá
almost naked, scorched by the sun, surrounded by loneliness
téměř nahý, spálený sluncem, obklopený osamělostí
strangers and enemies to the world
cizinci a nepřátelé světa
strangers and jackals in the realm of humans
cizinci a šakali v říši lidí
Behind them blew a hot scent of quiet passion
Za nimi foukala žhavá vůně tiché vášně
a scent of destructive service
vůně destruktivní služby

a scent of merciless self-denial
vůně nemilosrdného sebezapření
the evening had come
nastal večer
after the hour of contemplation, Siddhartha spoke to Govinda
po hodině rozjímání promluvil Siddhártha ke Govindovi
"Early tomorrow morning, my friend, Siddhartha will go to the Samanas"
"Zítra brzy ráno, příteli, Siddhártha půjde do Samanas"
"He will become a Samana"
"Stane se Samanou"
Govinda turned pale when he heard these words
Govinda zbledl, když uslyšel tato slova
and he read the decision in the motionless face of his friend
a rozhodnutí četl v nehybné tváři svého přítele
the determination was unstoppable, like the arrow shot from the bow
odhodlání bylo nezastavitelné, jako šíp vystřelený z luku
Govinda realized at first glance; now it is beginning
Govinda si uvědomil na první pohled; teď to začíná
now Siddhartha is taking his own way
teď Siddhártha jde svou vlastní cestou
now his fate is beginning to sprout
nyní jeho osud začíná klíčit
and because of Siddhartha, Govinda's fate is sprouting too
a kvůli Siddhárthovi klíčí i Govindův osud
he turned pale like a dry banana-skin
zbledl jako suchá banánová slupka
"Oh Siddhartha," he exclaimed
"Ach Siddhártha," zvolal
"will your father permit you to do that?"
"Dovolí ti to tvůj otec?"
Siddhartha looked over as if he was just waking up
Siddhártha se podíval, jako by se právě probouzel
like an Arrow he read Govinda's soul

jako Šíp četl Govindovu duši
he could read the fear and the submission in him
dokázal v něm číst strach a podřízenost
"Oh Govinda," he spoke quietly, "let's not waste words"
"Ach Govindo," řekl tiše, "neplýtvejme slovy"
"Tomorrow at daybreak I will begin the life of the Samanas"
"Zítra za svítání začnu život Samanas"
"let us speak no more of it"
"nemluvme už o tom"

Siddhartha entered the chamber where his father was sitting
Siddhártha vstoupil do komnaty, kde seděl jeho otec
his father was was on a mat of bast
jeho otec byl na podložce z lýka
Siddhartha stepped behind his father
Siddhártha šel za otcem
and he remained standing behind him
a zůstal stát za ním
he stood until his father felt that someone was standing behind him
stál, dokud jeho otec necítil, že za ním někdo stojí
Spoke the Brahman: "Is that you, Siddhartha?"
Promluvil Brahman: "To jsi ty, Siddhártho?"
"Then say what you came to say"
"Tak řekni, co jsi přišel říct"
Spoke Siddhartha: "With your permission, my father"
Řekl Siddhártha: "S tvým svolením, můj otče"
"I came to tell you that it is my longing to leave your house tomorrow"
"Přišel jsem ti říct, že toužím zítra opustit tvůj dům."
"I wish to go to the ascetics"
"Chci jít k asketům"
"My desire is to become a Samana"
"Mým přáním je stát se Samanou"
"May my father not oppose this"
"Ať tomu můj otec neodporuje"

The Brahman fell silent, and he remained so for long
Brahman zmlkl a zůstal tak dlouho
the stars in the small window wandered
hvězdy v malém okénku putovaly
and they changed their relative positions
a změnili své relativní pozice
Silent and motionless stood the son with his arms folded
Syn stál tiše a nehybně se založenýma rukama
silent and motionless sat the father on the mat
tiše a nehybně seděl otec na podložce
and the stars traced their paths in the sky
a hvězdy sledovaly své cesty na obloze
Then spoke the father
Pak promluvil otec
"it is not proper for a Brahman to speak harsh and angry words"
"Není správné, aby Brahman mluvil drsná a naštvaná slova"
"But indignation is in my heart"
"Ale v mém srdci je rozhořčení"
"I wish not to hear this request for a second time"
"Nechci slyšet tuto žádost podruhé"
Slowly, the Brahman rose
Bráhman pomalu vstal
Siddhartha stood silently, his arms folded
Siddhártha mlčky stál se založenýma rukama
"What are you waiting for?" asked the father
"Na co čekáš?" zeptal se otec
Spoke Siddhartha, "You know what I'm waiting for"
Řekl Siddhártha: "Víš, na co čekám"
Indignant, the father left the chamber
Otec rozhořčený odešel z komory
indignant, he went to his bed and lay down
rozhořčený, šel do své postele a lehl si
an hour passed, but no sleep had come over his eyes
uplynula hodina, ale v očích se mu nespal
the Brahman stood up and he paced to and fro

Brahman vstal a přecházel sem a tam
and he left the house in the night
a v noci odešel z domu
Through the small window of the chamber he looked back inside
Malým okénkem komory se podíval zpátky dovnitř
and there he saw Siddhartha standing
a tam uviděl stát Siddhártha
his arms were folded and he had not moved from his spot
ruce měl založené a nehnul se z místa
Pale shimmered his bright robe
Bledý se třpytil v jeho světlém hábitu
With anxiety in his heart, the father returned to his bed
S úzkostí v srdci se otec vrátil do své postele
another sleepless hour passed
uplynula další bezesná hodina
since no sleep had come over his eyes, the Brahman stood up again
protože se mu do očí nedostal žádný spánek, Brahman znovu vstal
he paced to and fro, and he walked out of the house
přecházel sem a tam a vyšel z domu
and he saw that the moon had risen
a viděl, že vyšel měsíc
Through the window of the chamber he looked back inside
Oknem komory se podíval zpátky dovnitř
there stood Siddhartha, unmoved from his spot
stál tam Siddhártha, nepohnutý ze svého místa
his arms were folded, as they had been
ruce měl založené jako předtím
moonlight was reflecting from his bare shins
měsíční světlo se odráželo od jeho holých holení
With worry in his heart, the father went back to bed
S obavami v srdci se otec vrátil do postele
he came back after an hour
vrátil se po hodině

and he came back again after two hours
a po dvou hodinách se zase vrátil
he looked through the small window
podíval se malým okénkem
he saw Siddhartha standing in the moon light
viděl Siddhártha stát v měsíčním světle
he stood by the light of the stars in the darkness
stál u světla hvězd ve tmě
And he came back hour after hour
A vracel se hodinu po hodině
silently, he looked into the chamber
mlčky se podíval do komory
he saw him standing in the same place
viděl ho stát na stejném místě
it filled his heart with anger
naplnilo to jeho srdce hněvem
it filled his heart with unrest
naplnilo to jeho srdce neklidem
it filled his heart with anguish
naplnilo jeho srdce úzkostí
it filled his heart with sadness
naplnilo jeho srdce smutkem
the night's last hour had come
nadešla poslední hodina noci
his father returned and stepped into the room
jeho otec se vrátil a vstoupil do pokoje
he saw the young man standing there
uviděl tam stát mladého muže
he seemed tall and like a stranger to him
zdál se mu vysoký a jako cizinec
"Siddhartha," he spoke, "what are you waiting for?"
"Siddhárto," řekl, "na co čekáš?"
"You know what I'm waiting for"
"Víš, na co čekám"
"Will you always stand that way and wait?
„Budeš tak vždycky stát a čekat?

"I will always stand and wait"
"Vždy budu stát a čekat"
"will you wait until it becomes morning, noon, and evening?"
"Budeš čekat, až bude ráno, poledne a večer?"
"I will wait until it become morning, noon, and evening"
"Počkám, až bude ráno, poledne a večer."
"You will become tired, Siddhartha"
"Budeš unavený, Siddhárto."
"I will become tired"
"Budu unavený"
"You will fall asleep, Siddhartha"
"Usneš, Siddhártho"
"I will not fall asleep"
"Nebudu spát"
"You will die, Siddhartha"
"Zemřeš, Siddhárto"
"I will die," answered Siddhartha
"Zemřu," odpověděl Siddhártha
"And would you rather die, than obey your father?"
"A chtěl bys raději zemřít, než poslouchat svého otce?"
"Siddhartha has always obeyed his father"
"Siddhártha vždy poslouchal svého otce"
"So will you abandon your plan?"
"Takže opustíš svůj plán?"
"Siddhartha will do what his father will tell him to do"
"Siddhártha udělá, co mu jeho otec řekne, aby udělal."
The first light of day shone into the room
Do místnosti svítilo první denní světlo
The Brahman saw that Siddhartha knees were softly trembling
Brahman viděl, že se Siddhárthovi kolena tiše chvějí
In Siddhartha's face he saw no trembling
V Siddharthově tváři neviděl žádné chvění
his eyes were fixed on a distant spot
jeho oči byly upřeny na vzdálené místo

This was when his father realized
Tehdy si to jeho otec uvědomil
even now Siddhartha no longer dwelt with him in his home
ani teď už s ním Siddhártha nebydlel v jeho domě
he saw that he had already left him
viděl, že už ho opustil
The Father touched Siddhartha's shoulder
Otec se dotkl Siddhárthova ramene
"You will," he spoke, "go into the forest and be a Samana"
"Půjdeš," řekl, "půjdeš do lesa a staneš se Samanou"
"When you find blissfulness in the forest, come back"
"Až najdeš blaženost v lese, vrať se"
"come back and teach me to be blissful"
"Vrať se a nauč mě být blažený"
"If you find disappointment, then return"
"Pokud najdeš zklamání, vrať se"
"return and let us make offerings to the gods together, again"
"Vraťte se a pojďme společně obětovat bohům znovu"
"Go now and kiss your mother"
"Teď jdi a polib svou matku"
"tell her where you are going"
"řekni jí kam jdeš"
"But for me it is time to go to the river"
"Ale pro mě je čas jít k řece"
"it is my time to perform the first ablution"
"Je můj čas provést první mytí"
He took his hand from the shoulder of his son, and went outside
Vzal ruku z ramene svého syna a vyšel ven
Siddhartha wavered to the side as he tried to walk
Siddhártha zakolísal na stranu, když se snažil jít
He put his limbs back under control and bowed to his father
Vrátil své údy pod kontrolu a uklonil se otci
he went to his mother to do as his father had said
šel k matce, aby udělal, co mu otec řekl
As he slowly left on stiff legs a shadow rose near the last hut

Když pomalu odcházel na ztuhlých nohách, poblíž poslední
chatrče se zvedl stín
who had crouched there, and joined the pilgrim?
kdo se tam přikrčil a připojil se k poutníkovi?
"Govinda, you have come" said Siddhartha and smiled
"Góvindo, přišel jsi," řekl Siddhártha a usmál se
"I have come," said Govinda
"Přišel jsem," řekl Govinda

With the Samanas
Se Samany

In the evening of this day they caught up with the ascetics
Večer tohoto dne dostihli askety
the ascetics; the skinny Samanas
asketové; hubený Samanas
they offered them their companionship and obedience
nabídli jim svou společnost a poslušnost
Their companionship and obedience were accepted
Jejich společnost a poslušnost byly přijaty
Siddhartha gave his garments to a poor Brahman in the street
Siddhártha dal své šaty chudému Brahmanovi na ulici
He wore nothing more than a loincloth and earth-coloured, unsown cloak
Neměl na sobě nic víc než bederní roušku a neosetý plášť zemité barvy
He ate only once a day, and never anything cooked
Jedl jen jednou denně a nikdy nic nevařil
He fasted for fifteen days, he fasted for twenty-eight days
Postil se patnáct dní, postil se dvacet osm dní
The flesh waned from his thighs and cheeks
Maso mu ubylo ze stehen a tváří
Feverish dreams flickered from his enlarged eyes
Z jeho zvětšených očí se míhaly horečnaté sny
long nails grew slowly on his parched fingers
na vyprahlých prstech mu pomalu rostly dlouhé nehty
and a dry, shaggy beard grew on his chin
a na bradě mu narostly suché, střapaté vousy
His glance turned to ice when he encountered women
Jeho pohled se změnil v led, když narazil na ženy
he walked through a city of nicely dressed people
procházel městem pěkně oblečených lidí
his mouth twitched with contempt for them
ústa se mu cukala pohrdáním vůči nim

He saw merchants trading and princes hunting
Viděl obchodníky obchodovat a prince lovit
he saw mourners wailing for their dead
viděl truchlící naříkající za své mrtvé
and he saw whores offering themselves
a viděl, jak se děvky nabízejí
physicians trying to help the sick
lékaři, kteří se snaží pomáhat nemocným
priests determining the most suitable day for seeding
kněží určující nejvhodnější den pro setbu
lovers loving and mothers nursing their children
milující milenky a matky kojící své děti
and all of this was not worthy of one look from his eyes
a to všechno nebylo hodné jediného pohledu z jeho očí
it all lied, it all stank, it all stank of lies
všechno to lhalo, všechno to páchlo, všechno to páchlo lží
it all pretended to be meaningful and joyful and beautiful
všechno to předstíralo, že je to smysluplné, radostné a krásné
and it all was just concealed putrefaction
a všechno to byla jen skrytá hniloba
the world tasted bitter; life was torture
svět chutnal hořce; život byl mučení

A single goal stood before Siddhartha
Před Siddharthou stál jediný gól
his goal was to become empty
jeho cílem bylo vyprázdnit se
his goal was to be empty of thirst
jeho cílem bylo zbavit se žízně
empty of wishing and empty of dreams
bez přání a bez snů
empty of joy and sorrow
prázdné radosti a smutku
his goal was to be dead to himself
jeho cílem bylo být mrtvý pro sebe
his goal was not to be a self any more

jeho cílem už nebylo být sám sebou
his goal was to find tranquillity with an emptied heart
jeho cílem bylo najít klid s prázdným srdcem
his goal was to be open to miracles in unselfish thoughts
jeho cílem bylo být otevřený zázrakům v nesobeckých myšlenkách
to achieve this was his goal
dosáhnout toho bylo jeho cílem
when all of his self was overcome and had died
když bylo celé jeho já přemoženo a zemřelo
when every desire and every urge was silent in the heart
když každá touha a každé nutkání v srdci mlčely
then the ultimate part of him had to awake
pak se jeho poslední část musela probudit
the innermost of his being, which is no longer his self
to nejniternější ze svého bytí, které už není jeho já
this was the great secret
tohle bylo velké tajemství

Silently, Siddhartha exposed himself to the burning rays of the sun
Siddhártha se tiše vystavil spalujícím paprskům slunce
he was glowing with pain and he was glowing with thirst
zářil bolestí a zářil žízní
and he stood there until he neither felt pain nor thirst
a stál tam, dokud necítil bolest ani žízeň
Silently, he stood there in the rainy season
Tiše tam stál v období dešťů
from his hair the water was dripping over freezing shoulders
z vlasů mu kapala voda přes zmrzlá ramena
the water was dripping over his freezing hips and legs
voda mu kapala přes mrznoucí boky a nohy
and the penitent stood there
a kajícník tam stál
he stood there until he could not feel the cold any more

stál tam, dokud už necítil chlad
he stood there until his body was silent
stál tam, dokud jeho tělo neutichlo
he stood there until his body was quiet
stál tam, dokud jeho tělo neutichlo
Silently, he cowered in the thorny bushes
Tiše se krčil v trnitém křoví
blood dripped from the burning skin
z hořící kůže kapala krev
blood dripped from festering wounds
krev kapala z hnisavých ran
and Siddhartha stayed rigid and motionless
a Siddhártha zůstal strnulý a nehybný
he stood until no blood flowed any more
stál, dokud už netekla krev
he stood until nothing stung any more
stál, dokud už nic neštípalo
he stood until nothing burned any more
stál, dokud už nic nehořelo
Siddhartha sat upright and learned to breathe sparingly
Siddhártha seděl vzpřímeně a naučil se střídmě dýchat
he learned to get along with few breaths
naučil se vycházet s několika nádechy
he learned to stop breathing
naučil se přestat dýchat
He learned, beginning with the breath, to calm the beating of his heart
Naučil se, počínaje dechem, ztišit tlukot svého srdce
he learned to reduce the beats of his heart
naučil se snižovat tep svého srdce
he meditated until his heartbeats were only a few
meditoval, dokud jeho srdce nebylo jen pár
and then his heartbeats were almost none
a pak jeho srdce nebylo téměř žádné
Instructed by the oldest of the Samanas, Siddhartha practised self-denial

Siddhártha, poučen nejstarším ze Samany, praktikoval
sebezapření
he practised meditation, according to the new Samana rules
praktikoval meditaci, podle nových pravidel Samany
A heron flew over the bamboo forest
Nad bambusovým lesem přeletěla volavka
Siddhartha accepted the heron into his soul
Siddhártha přijal volavku do své duše
he flew over forest and mountains
letěl přes les a hory
he was a heron, he ate fish
byl volavka, jedl ryby
he felt the pangs of a heron's hunger
cítil bolest volavky hladu
he spoke the heron's croak
promluvil volavčino skřehotání
he died a heron's death
zemřel volavčí smrtí
A dead jackal was lying on the sandy bank
Na písečném břehu ležel mrtvý šakal
Siddhartha's soul slipped inside the body of the dead jackal
Siddhárthova duše vklouzla do těla mrtvého šakala
he was the dead jackal laying on the banks and bloated
byl to mrtvý šakal ležící na březích a nafouklý
he stank and decayed and was dismembered by hyenas
zapáchal a rozkládal se a byl rozřezán hyenami
he was skinned by vultures and turned into a skeleton
stáhli ho supi z kůže a proměnili ho v kostru
he was turned to dust and blown across the fields
byl proměněn v prach a rozfoukán přes pole
And Siddhartha's soul returned
A Siddhárthova duše se vrátila
it had died, decayed, and was scattered as dust
zemřelo, rozpadlo se a bylo rozptýleno jako prach
it had tasted the gloomy intoxication of the cycle
ochutnalo to ponuré opojení koloběhu

it awaited with a new thirst, like a hunter in the gap
čekalo to s novou žízní jako lovec v mezeře
in the gap where he could escape from the cycle
v mezeře, kde mohl uniknout z koloběhu
in the gap where an eternity without suffering began
v mezeře, kde začala věčnost bez utrpení
he killed his senses and his memory
zabil své smysly a paměť
he slipped out of his self into thousands of other forms
vyklouzl ze svého já do tisíců jiných podob
he was an animal, a carrion, a stone
byl to zvíře, mršina, kámen
he was wood and water
byl dřevo a voda
and he awoke every time to find his old self again
a pokaždé se probudil, aby znovu našel své staré já
whether sun or moon, he was his self again
ať už slunce nebo měsíc, byl opět sám sebou
he turned round in the cycle
otočil se v cyklu
he felt thirst, overcame the thirst, felt new thirst
cítil žízeň, překonal žízeň, cítil novou žízeň

Siddhartha learned a lot when he was with the Samanas
Siddhártha se hodně naučil, když byl se Samany
he learned many ways leading away from the self
naučil se mnoho cest vedoucích pryč od sebe sama
he learned how to let go
naučil se pustit
He went the way of self-denial by means of pain
Šel cestou sebezapření pomocí bolesti
he learned self-denial through voluntarily suffering and overcoming pain
naučil se sebezapření skrze dobrovolné utrpení a překonávání bolesti
he overcame hunger, thirst, and tiredness

překonal hlad, žízeň a únavu
He went the way of self-denial by means of meditation
Šel cestou sebezapření pomocí meditace
he went the way of self-denial through imagining the mind to be void of all conceptions
šel cestou sebezapření přes představu, že mysl je prázdná od všech koncepcí
with these and other ways he learned to let go
těmito a dalšími způsoby se naučil pustit
a thousand times he left his self
tisíckrát opustil své já
for hours and days he remained in the non-self
hodiny a dny zůstával v ne-já
all these ways led away from the self
všechny tyto cesty vedly pryč od jáství
but their path always led back to the self
ale jejich cesta vždy vedla zpět k sobě
Siddhartha fled from the self a thousand times
Siddhártha tisíckrát uprchl před vlastním já
but the return to the self was inevitable
ale návrat k já byl nevyhnutelný
although he stayed in nothingness, coming back was inevitable
i když zůstal v nicotě, návrat byl nevyhnutelný
although he stayed in animals and stones, coming back was inevitable
i když zůstal ve zvířatech a kamenech, návrat byl nevyhnutelný
he found himself in the sunshine or in the moonlight again
znovu se ocitl na slunci nebo v měsíčním světle
he found himself in the shade or in the rain again
znovu se ocitl ve stínu nebo v dešti
and he was once again his self; Siddhartha
a byl opět sám sebou; Siddhártha
and again he felt the agony of the cycle which had been forced upon him

a znovu pocítil agónii cyklu, která mu byla vnucena

by his side lived Govinda, his shadow
po jeho boku žil Govinda, jeho stín
Govinda walked the same path and undertook the same efforts
Govinda šel stejnou cestou a vyvíjel stejné úsilí
they spoke to one another no more than the exercises required
nemluvili spolu víc, než vyžadovalo cvičení
occasionally the two of them went through the villages
občas ti dva procházeli vesnicemi
they went to beg for food for themselves and their teachers
chodili žebrat o jídlo pro sebe a své učitele
"How do you think we have progressed, Govinda" he asked
"Jak si myslíš, že jsme pokročili, Govindo?" zeptal se
"Did we reach any goals?" Govinda answered
"Dosáhli jsme nějakých cílů?" odpověděl Govinda
"We have learned, and we'll continue learning"
"Učili jsme se a budeme se učit"
"You'll be a great Samana, Siddhartha"
"Budeš skvělá Samana, Siddhártho"
"Quickly, you've learned every exercise"
"Rychle, naučili jste se každé cvičení"
"often, the old Samanas have admired you"
"staří Samanas tě často obdivovali"
"One day, you'll be a holy man, oh Siddhartha"
"Jednoho dne z tebe bude svatý muž, ó Siddhártho"
Spoke Siddhartha, "I can't help but feel that it is not like this, my friend"
Řekl Siddhártha: "Nemohu si pomoct, ale cítím, že to tak není, příteli."
"What I've learned being among the Samanas could have been learned more quickly"
"To, co jsem se naučil být mezi Samany, se dalo naučit rychleji."

"it could have been learned by simpler means"
"mohlo se to naučit jednoduššími prostředky"
"it could have been learned in any tavern"
"mohlo se to naučit v každé hospodě"
"it could have been learned where the whorehouses are"
"Mohlo se to dozvědět, kde jsou ty nevěstince"
"I could have learned it among carters and gamblers"
"Mohl jsem se to naučit mezi povozníky a hazardními hráči"
Spoke Govinda, "Siddhartha is joking with me"
Govinda řekl: „Siddhártha si ze mě dělá legraci"
"How could you have learned meditation among wretched people?"
"Jak ses mohl naučit meditaci mezi ubohými lidmi?"
"how could whores have taught you about holding your breath?"
"Jak tě mohly děvky naučit zadržovat dech?"
"how could gamblers have taught you insensitivity against pain?"
"Jak tě mohli hráči naučit necitlivosti vůči bolesti?"
Siddhartha spoke quietly, as if he was talking to himself
Siddhártha mluvil tiše, jako by mluvil sám se sebou
"What is meditation?"
"Co je to meditace?"
"What is leaving one's body?"
"Co opouští něčí tělo?"
"What is fasting?"
"Co je půst?"
"What is holding one's breath?"
"Co je to zadržování dechu?"
"It is fleeing from the self"
"Utíká před sebou samým"
"it is a short escape of the agony of being a self"
"je to krátký únik z agónie být sám sebou"
"it is a short numbing of the senses against the pain"
"je to krátké umrtvení smyslů proti bolesti"
"it is avoiding the pointlessness of life"

"Je to vyhýbání se zbytečnosti života"
"The same numbing is what the driver of an ox-cart finds in the inn"
"Stejné otupení je to, co najde řidič volského povozu v hostinci"
"drinking a few bowls of rice-wine or fermented coconut-milk"
"vypití několika misek rýžového vína nebo fermentovaného kokosového mléka"
"Then he won't feel his self anymore"
"Pak už nebude cítit sám sebe"
"then he won't feel the pains of life anymore"
"pak už nebude cítit bolest života"
"then he finds a short numbing of the senses"
"pak zjistí krátké umrtvení smyslů"
"When he falls asleep over his bowl of rice-wine, he'll find the same what we find"
"Když usne nad svou miskou rýžového vína, najde to samé, co my."
"he finds what we find when we escape our bodies through long exercises"
"najde to, co najdeme my, když unikneme ze svých těl pomocí dlouhých cvičení"
"all of us are staying in the non-self"
"všichni zůstáváme v ne-já"
"This is how it is, oh Govinda"
"Takhle to je, ó Govindo"
Spoke Govinda, "You say so, oh friend"
Řekl Govinda: "Říkáš to, příteli"
"and yet you know that Siddhartha is no driver of an ox-cart"
"a přesto víš, že Siddhártha není řidič volského povozu"
"and you know a Samana is no drunkard"
"a víš, že Samana není opilec"
"it's true that a drinker numbs his senses"
"Je pravda, že piják otupuje své smysly"
"it's true that he briefly escapes and rests"

"je pravda, že krátce uteče a odpočívá"
"but he'll return from the delusion and finds everything to be unchanged"
"ale vrátí se z klamu a zjistí, že vše je nezměněno"
"he has not become wiser"
"nestal se moudřejším"
"he has gathered any enlightenment"
"shromáždil jakékoli osvícení"
"he has not risen several steps"
"neudělal několik kroků"
And Siddhartha spoke with a smile
A Siddhártha promluvil s úsměvem
"I do not know, I've never been a drunkard"
"Nevím, nikdy jsem nebyl opilec"
"I know that I find only a short numbing of the senses"
"Vím, že nacházím jen krátké umrtvení smyslů"
"I find it in my exercises and meditations"
"Nacházím to ve svých cvičeních a meditacích"
"and I find I am just as far removed from wisdom as a child in the mother's womb"
"a zjišťuji, že jsem stejně daleko od moudrosti jako dítě v matčině lůně"
"this I know, oh Govinda"
"to vím, oh Govindo"

And once again, another time, Siddhartha began to speak
A ještě jednou, jindy, Siddhártha začal mluvit
Siddhartha had left the forest, together with Govinda
Siddhártha opustil les spolu s Govindou
they left to beg for some food in the village
odešli žebrat o nějaké jídlo do vesnice
he said, "What now, oh Govinda?"
řekl: "Co teď, ó Govindo?"
"are we on the right path?"
"jsme na správné cestě?"
"are we getting closer to enlightenment?"

- 34 -

"Přibližujeme se k osvícení?"
"are we getting closer to salvation?"
"Přibližujeme se ke spáse?"
"Or do we perhaps live in a circle?"
"Nebo snad žijeme v kruhu?"
"we, who have thought we were escaping the cycle"
"my, kteří jsme si mysleli, že unikáme z cyklu"
Spoke Govinda, "We have learned a lot"
Govinda řekl: „Hodně jsme se naučili"
"Siddhartha, there is still much to learn"
"Siddhártho, stále se máme co učit"
"We are not going around in circles"
"Nechodíme v kruzích"
"we are moving up; the circle is a spiral"
"Posouváme se nahoru; kruh je spirála"
"we have already ascended many levels"
"Už jsme vystoupili na mnoho úrovní"
Siddhartha answered, "How old would you think our oldest Samana is?"
Siddhártha odpověděl: "Jak starý si myslíš, že je naše nejstarší Samana?"
"how old is our venerable teacher?"
"Jak starý je náš ctihodný učitel?"
Spoke Govinda, "Our oldest one might be about sixty years of age"
Govinda řekl: „Naše nejstarší může mít kolem šedesáti let"
Spoke Siddhartha, "He has lived for sixty years"
Siddhártha řekl: „Žil šedesát let"
"and yet he has not reached the nirvana"
"a přesto nedosáhl nirvány"
"He'll turn seventy and eighty"
"Bude mu sedmdesát a osmdesát"
"you and me, we will grow just as old as him"
"ty a já, zestárneme stejně jako on"
"and we will do our exercises"
"a budeme dělat naše cvičení"

"and we will fast, and we will meditate"
"a budeme se postit a budeme meditovat"
"But we will not reach the nirvana"
"Ale nirvány nedosáhneme"
"he won't reach nirvana and we won't"
"on nedosáhne nirvány a my ne"
"there are uncountable Samanas out there"
"tam venku je nespočet Samany"
"perhaps not a single one will reach the nirvana"
"možná ani jeden nedosáhne nirvány"
"We find comfort, we find numbness, we learn feats"
"Nacházíme pohodlí, nacházíme otupělost, učíme se výkony"
"we learn these things to deceive others"
"Učíme se tyto věci, abychom oklamali ostatní"
"But the most important thing, the path of paths, we will not find"
"Ale to nejdůležitější, cestu cest, nenajdeme"
Spoke Govinda "If you only wouldn't speak such terrible words, Siddhartha!"
Řekl Govinda: "Kdybys jen nemluvil tak hrozná slova, Siddhárto!"
"there are so many learned men"
"je tolik učených mužů"
"how could not one of them not find the path of paths?"
"Jak by jeden z nich nemohl najít cestu cest?"
"how can so many Brahmans not find it?"
"Jak to, že to tolik Brahmanů nenajde?"
"how can so many austere and venerable Samanas not find it?"
"Jak to může tolik strohých a ctihodných Samany nenacházet?"
"how can all those who are searching not find it?"
"Jak je možné, že to všichni, kdo hledají, nenajdou?"
"how can the holy men not find it?"
"Jak to svatí muži nemohou najít?"
But Siddhartha spoke with as much sadness as mockery
Ale Siddhártha mluvil se stejným smutkem jako výsměchem

he spoke with a quiet, a slightly sad, a slightly mocking voice
promluvil tichým, trochu smutným, trochu posměšným hlasem
"Soon, Govinda, your friend will leave the path of the Samanas"
"Brzy, Govindo, tvůj přítel opustí cestu Samanů."
"he has walked along your side for so long"
"kráčel po tvém boku tak dlouho"
"I'm suffering of thirst"
"Trpím žízní"
"on this long path of a Samana, my thirst has remained as strong as ever"
"Na této dlouhé cestě Samany zůstala moje žízeň stejně silná jako vždy"
"I always thirsted for knowledge"
"Vždy jsem toužil po vědění"
"I have always been full of questions"
"Vždycky jsem měl plno otázek"
"I have asked the Brahmans, year after year"
"Ptal jsem se Brahmanů rok co rok."
"and I have asked the holy Vedas, year after year"
"a žádal jsem svaté Vedy rok co rok"
"and I have asked the devoted Samanas, year after year"
"a já jsem se rok co rok ptal oddaných Samanas"
"perhaps I could have learned it from the hornbill bird"
"možná jsem se to mohl naučit od zoborožce"
"perhaps I should have asked the chimpanzee"
"možná jsem se měl zeptat šimpanze"
"It took me a long time"
"Trvalo mi to dlouho"
"and I am not finished learning this yet"
"a to jsem se ještě neskončil"
"oh Govinda, I have learned that there is nothing to be learned!"
"Ach, Govindo, naučil jsem se, že není co se učit!"

"There is indeed no such thing as learning"
"Ve skutečnosti neexistuje nic takového jako učení"
"There is just one knowledge"
"Existuje jen jedno poznání"
"this knowledge is everywhere, this is Atman"
"toto poznání je všude, toto je Átman"
"this knowledge is within me and within you"
"toto poznání je ve mně a ve vás"
"and this knowledge is within every creature"
"a toto poznání je v každém stvoření"
"this knowledge has no worse enemy than the desire to know it"
"Toto poznání nemá horšího nepřítele než touhu je poznat"
"that is what I believe"
"to je to, čemu věřím"
At this, Govinda stopped on the path
Na to se Govinda zastavil na cestě
he rose his hands, and spoke
zvedl ruce a promluvil
"If only you would not bother your friend with this kind of talk"
"Kdybys tak neobtěžoval svého přítele těmito řečmi"
"Truly, your words stir up fear in my heart"
"Vážně, tvoje slova vzbuzují strach v mém srdci"
"consider, what would become of the sanctity of prayer?"
"Uvažte, co by se stalo s posvátností modlitby?"
"what would become of the venerability of the Brahmans' caste?"
"Co by se stalo s úctou kasty Brahmanů?"
"what would happen to the holiness of the Samanas?
„Co by se stalo se svatostí Samanas?
"What would then become of all of that is holy"
"Co by se pak z toho všeho stalo, je svaté"
"what would still be precious?"
"co by ještě bylo drahé?"

And Govinda mumbled a verse from an Upanishad to himself
A Govinda si pro sebe zamumlal verš z upanišády
"He who ponderingly, of a purified spirit, loses himself in the meditation of Atman"
"Ten, kdo přemítavě, očištěného ducha, se ztrácí v meditaci Átmanu."
"inexpressible by words is the blissfulness of his heart"
"slovy nevyslovitelná je blaženost jeho srdce"
But Siddhartha remained silent
Ale Siddhártha mlčel
He thought about the words which Govinda had said to him
Přemýšlel o slovech, která mu řekl Govinda
and he thought the words through to their end
a promýšlel slova až do konce
he thought about what would remain of all that which seemed holy
přemýšlel o tom, co zbyde ze všeho toho, co se zdálo být svaté
What remains? What can stand the test?
co zbývá? Co obstojí ve zkoušce?
And he shook his head
A zavrtěl hlavou

the two young men had lived among the Samanas for about three years
ti dva mladí muži žili mezi Samany asi tři roky
some news, a rumour, a myth reached them
dorazily k nim nějaké zprávy, fáma, mýtus
the rumour had been retold many times
pověst byla mnohokrát převyprávěna
A man had appeared, Gotama by name
Objevil se muž, jménem Gotama
the exalted one, the Buddha
ten vznešený, Buddha
he had overcome the suffering of the world in himself
v sobě překonal utrpení světa

and he had halted the cycle of rebirths
a zastavil koloběh znovuzrození
He was said to wander through the land, teaching
Říkalo se, že se toulal po zemi a učil
he was said to be surrounded by disciples
byl prý obklopen učedníky
he was said to be without possession, home, or wife
byl prý bez majetku, domova nebo manželky
he was said to be in just the yellow cloak of an ascetic
byl prý jen ve žlutém plášti askety
but he was with a cheerful brow
ale byl s veselým obočím
and he was said to be a man of bliss
a říkalo se o něm, že je to muž blažený
Brahmans and princes bowed down before him
Brahmani a princové se před ním poklonili
and they became his students
a stali se jeho studenty
This myth, this rumour, this legend resounded
Tento mýtus, tato pověst, tato legenda zazněla
its fragrance rose up, here and there, in the towns
jeho vůně stoupala tu a tam ve městech
the Brahmans spoke of this legend
o této legendě mluvili bráhmani
and in the forest, the Samanas spoke of it
a v lese o tom Samany mluvily
again and again, the name of Gotama the Buddha reached the ears of the young men
znovu a znovu se jméno Gotama Buddha dostávalo k uším mladých mužů
there was good and bad talk of Gotama
o Gotamě se mluvilo dobře i špatně
some praised Gotama, others defamed him
někteří Gotamu chválili, jiní ho očerňovali
It was as if the plague had broken out in a country
Bylo to, jako by v zemi vypukl mor

news had been spreading around that in one or another place there was a man
kolem se šířily zprávy, že na tom či onom místě je nějaký muž
a wise man, a knowledgeable one
moudrý muž, znalý
a man whose word and breath was enough to heal everyone
muž, jehož slovo a dech stačily k uzdravení každého
his presence could heal anyone who had been infected with the pestilence
jeho přítomnost mohla uzdravit každého, kdo byl nakažen morem
such news went through the land, and everyone would talk about it
taková zpráva prošla zemí a každý by o ní mluvil
many believed the rumours, many doubted them
mnozí fámám věřili, mnozí o nich pochybovali
but many got on their way as soon as possible
ale mnozí se vydali na cestu co nejdříve
they went to seek the wise man, the helper
šli hledat moudrého muže, pomocníka
the wise man of the family of Sakya
moudrý muž z rodiny Sakya
He possessed, so the believers said, the highest enlightenment
Měl, jak říkali věřící, nejvyšší osvícení
he remembered his previous lives; he had reached the nirvana
vzpomínal na své předchozí životy; dosáhl nirvány
and he never returned into the cycle
a nikdy se nevrátil do koloběhu
he was never again submerged in the murky river of physical forms
už nikdy nebyl ponořen do kalné řeky fyzických forem
Many wonderful and unbelievable things were reported of him
Bylo o něm hlášeno mnoho úžasných a neuvěřitelných věcí

he had performed miracles
dokázal zázraky
he had overcome the devil
přemohl ďábla
he had spoken to the gods
mluvil s bohy
But his enemies and disbelievers said Gotama was a vain seducer
Ale jeho nepřátelé a nevěřící říkali, že Gotama je marnivý svůdce
they said he spent his days in luxury
říkali, že trávil dny v luxusu
they said he scorned the offerings
řekli, že pohrdal nabídkami
they said he was without learning
říkali, že se neučil
they said he knew neither meditative exercises nor self-castigation
říkali, že nezná ani meditační cvičení, ani sebeobviňování
The myth of Buddha sounded sweet
Mýtus o Buddhovi zněl sladce
The scent of magic flowed from these reports
Z těchto zpráv vycházela vůně magie
After all, the world was sick, and life was hard to bear
Koneckonců, svět byl nemocný a život nesl těžko
and behold, here a source of relief seemed to spring forth
a hle, tady jako by vyvěral zdroj úlevy
here a messenger seemed to call out
tady se zdálo, že se ozval posel
comforting, mild, full of noble promises
uklidňující, mírný, plný vznešených slibů
Everywhere where the rumour of Buddha was heard, the young men listened up
Všude, kde zazněla zvěst o Buddhovi, mladí muži naslouchali
everywhere in the lands of India they felt a longing
všude v indických zemích cítili touhu

everywhere where the people searched, they felt hope
všude, kde lidé hledali, cítili naději
every pilgrim and stranger was welcome when he brought news of him
každý poutník a cizinec byl vítán, když o něm přinesl zprávy
the exalted one, the Sakyamuni
ten vznešený, Šákjamuni
The myth had also reached the Samanas in the forest
Mýtus také dosáhl Samanas v lese
and Siddhartha and Govinda heard the myth too
a Siddhártha a Govinda tento mýtus také slyšeli
slowly, drop by drop, they heard the myth
pomalu, kapku po kapce, slyšeli mýtus
every drop was laden with hope
každá kapka byla nabitá nadějí
every drop was laden with doubt
každá kapka byla zatížena pochybnostmi
They rarely talked about it
Málokdy o tom mluvili
because the oldest one of the Samanas did not like this myth
protože nejstaršímu ze Samany se tento mýtus nelíbil
he had heard that this alleged Buddha used to be an ascetic
slyšel, že tento údajný Buddha býval asketa
he heard he had lived in the forest
slyšel, že žil v lese
but he had turned back to luxury and worldly pleasures
ale vrátil se zpět k luxusu a světským radovánkám
and he had no high opinion of this Gotama
a neměl o tomto Gotamovi žádné vysoké mínění

"Oh Siddhartha," Govinda spoke one day to his friend
"Ach, Siddhárto," řekl Govinda jednoho dne svému příteli
"Today, I was in the village"
"Dnes jsem byl ve vesnici"
"and a Brahman invited me into his house"
"a Brahman mě pozval do svého domu"

"and in his house, there was the son of a Brahman from Magadha"
"a v jeho domě byl syn bráhmana z Magadhy"
"he has seen the Buddha with his own eyes"
„Viděl Buddhu na vlastní oči"
"and he has heard him teach"
"a slyšel ho učit"
"Verily, this made my chest ache when I breathed"
"Vážně, z toho mě bolelo na hrudi, když jsem dýchal"
"and I thought this to myself:"
"a myslel jsem si toto:"
"if only we heard the teachings from the mouth of this perfected man!"
"Kdybychom slyšeli učení z úst tohoto dokonalého muže!"
"Speak, friend, wouldn't we want to go there too"
"Mluv, příteli, nechtěli bychom tam taky?"
"wouldn't it be good to listen to the teachings from the Buddha's mouth?"
"Nebylo by dobré poslouchat učení z Buddhových úst?"
Spoke Siddhartha, "I had thought you would stay with the Samanas"
Řekl Siddhártha: "Myslel jsem, že zůstaneš u Samanů."
"I always had believed your goal was to live to be seventy"
"Vždycky jsem věřil, že tvým cílem bylo dožít se sedmdesátky."
"I thought you would keep practising those feats and exercises"
"Myslel jsem, že budeš dál cvičit ty výkony a cviky"
"and I thought you would become a Samana"
"a já myslel, že se z tebe stane Samana"
"But behold, I had not known Govinda well enough"
"Ale hle, neznal jsem Govindu dost dobře"
"I knew little of his heart"
"Málo jsem věděl o jeho srdci"
"So now you want to take a new path"
"Takže teď chceš jít novou cestou"

"and you want to go there where the Buddha spreads his teachings"
"a chceš jít tam, kde Buddha šíří své učení"
Spoke Govinda, "You're mocking me"
Řekl Govinda: "Posmíváš se mi"
"Mock me if you like, Siddhartha!"
"Posmívej se mi, jestli chceš, Siddhártho!"
"But have you not also developed a desire to hear these teachings?"
"Ale nevyvinul jsi také touhu slyšet tato učení?"
"have you not said you would not walk the path of the Samanas for much longer?"
"Neříkal jsi, že už nebudeš chodit po cestě Samanů mnohem déle?"
At this, Siddhartha laughed in his very own manner
Tomu se Siddhártha svým způsobem zasmál
the manner in which his voice assumed a touch of sadness
způsob, jakým jeho hlas nabyl nádechu smutku
but it still had that touch of mockery
ale pořád to mělo ten nádech výsměchu
Spoke Siddhartha, "Govinda, you've spoken well"
Řekl Siddhártha: "Góvindo, mluvil jsi dobře"
"you've remembered correctly what I said"
"Pamatoval sis správně, co jsem řekl"
"If only you remembered the other thing you've heard from me"
"Kdyby sis vzpomněl na další věc, kterou jsi ode mě slyšel."
"I have grown distrustful and tired against teachings and learning"
"Začal jsem vůči učení a učení nedůvěřivý a unavený"
"my faith in words, which are brought to us by teachers, is small"
"Moje víra ve slova, která nám přinášejí učitelé, je malá"
"But let's do it, my dear"
"Ale pojďme na to, má drahá"
"I am willing to listen to these teachings"

"Jsem ochoten naslouchat tomuto učení"
"though in my heart I do not have hope"
"ačkoli v srdci nemám naději"
"I believe that we've already tasted the best fruit of these teachings"
"Věřím, že jsme už ochutnali nejlepší ovoce tohoto učení"
Spoke Govinda, "Your willingness delights my heart"
Govinda řekl: „Vaše ochota těší mé srdce"
"But tell me, how should this be possible?"
"Ale řekni mi, jak by to mělo být možné?"
"How can the Gotama's teachings have already revealed their best fruit to us?"
"Jak nám učení Gotamy už odhalilo své nejlepší ovoce?"
"we have not heard his words yet"
"ještě jsme jeho slova neslyšeli"
Spoke Siddhartha, "Let us eat this fruit"
Řekl Siddhártha: "Pojďme jíst toto ovoce"
"and let us wait for the rest, oh Govinda!"
"A na zbytek počkejme, ó Govindo!"
"But this fruit consists in him calling us away from the Samanas"
"Ale toto ovoce spočívá v tom, že nás volá pryč od Samanas"
"and we have already received it thanks to the Gotama!"
"a už jsme to dostali díky Gotamě!"
"Whether he has more, let us await with calm hearts"
"Ať má víc, čekejme s klidným srdcem"

On this very same day Siddhartha spoke to the oldest Samana
V ten samý den Siddhártha promluvil s nejstarší Samanou
he told him of his decision to leaves the Samanas
řekl mu o svém rozhodnutí opustit Samany
he informed the oldest one with courtesy and modesty
informoval nejstaršího zdvořile a skromně
but the Samana became angry that the two young men wanted to leave him

ale Samana se rozzlobila, že ho ti dva mladí muži chtějí opustit
and he talked loudly and used crude words
a mluvil nahlas a používal hrubá slova
Govinda was startled and became embarrassed
Govinda se lekl a stal se v rozpacích
But Siddhartha put his mouth close to Govinda's ear
Ale Siddhártha přiložil ústa těsně k Govindovu uchu
"Now, I want to show the old man what I've learned from him"
"Teď chci starci ukázat, co jsem se od něj naučil."
Siddhartha positioned himself closely in front of the Samana
Siddhártha se postavil těsně před Samana
with a concentrated soul, he captured the old man's glance
se soustředěnou duší zachytil pohled starého muže
he deprived him of his power and made him mute
zbavil ho jeho moci a oněměl
he took away his free will
vzal mu svobodnou vůli
he subdued him under his own will, and commanded him
podmanil si ho pod svou vůlí a přikázal mu
his eyes became motionless, and his will was paralysed
jeho oči znehybněly a jeho vůle byla paralyzována
his arms were hanging down without power
paže mu visely bez síly
he had fallen victim to Siddhartha's spell
stal se obětí Siddhárthova kouzla
Siddhartha's thoughts brought the Samana under their control
Siddhárthovy myšlenky dostaly Samana pod svou kontrolu
he had to carry out what they commanded
musel splnit, co mu přikázali
And thus, the old man made several bows
A tak se stařec několikrát poklonil
he performed gestures of blessing

prováděl gesta požehnání
he spoke stammeringly a godly wish for a good journey
pronesl koktavě zbožné přání dobré cesty
the young men returned the good wishes with thanks
mládenci opětovali přání všeho dobrého s díky
they went on their way with salutations
šli svou cestou s pozdravy
On the way, Govinda spoke again
Cestou Govinda znovu promluvil
"Oh Siddhartha, you have learned more from the Samanas than I knew"
"Ach Siddhártho, naučil ses od Samanů víc, než jsem věděl."
"It is very hard to cast a spell on an old Samana"
"Je velmi těžké kouzlit na starou Samanu."
"Truly, if you had stayed there, you would soon have learned to walk on water"
"Opravdu, kdybyste tam zůstali, brzy byste se naučili chodit po vodě."
"I do not seek to walk on water" said Siddhartha
"Nesnažím se chodit po vodě," řekl Siddhártha
"Let old Samanas be content with such feats!"
"Ať se staří Samany spokojí s takovými výkony!"

Gotama

In Savathi, every child knew the name of the exalted Buddha
V savathi znalo každé dítě jméno vznešeného Buddhy
every house was prepared for his coming
každý dům byl připraven na jeho příchod
each house filled the alms-dishes of Gotama's disciples
každý dům naplnil almužny Gotamových učedníků
Gotama's disciples were the silently begging ones
Gotamovi učedníci byli tiše žebrající
Near the town was Gotama's favourite place to stay
Nedaleko města bylo Gotama oblíbené místo k pobytu
he stayed in the garden of Jetavana
zůstal v zahradě Jetavana
the rich merchant Anathapindika had given the garden to Gotama
bohatý obchodník Anathapindika dal zahradu Gotamovi
he had given it to him as a gift
dal mu to jako dárek
he was an obedient worshipper of the exalted one
byl poslušným ctitelem vznešeného
the two young ascetics had received tales and answers
dva mladí asketové dostali příběhy a odpovědi
all these tales and answers pointed them to Gotama's abode
všechny tyto příběhy a odpovědi je ukazovaly na Gotamovo sídlo
they arrived in the town of Savathi
dorazili do města Savathi
they went to the very first door of the town
šli k úplně prvním dveřím města
and they begged for food at the door
a u dveří žebrali o jídlo
a woman offered them food
žena jim nabídla jídlo
and they accepted the food

a přijali jídlo
Siddhartha asked the woman
zeptal se Siddhártha ženy
"oh charitable one, where does the Buddha dwell?"
"Ó charitativní, kde bydlí Buddha?"
"we are two Samanas from the forest"
"jsme dvě Samany z lesa"
"we have come to see the perfected one"
"přišli jsme se podívat na toho dokonalého"
"we have come to hear the teachings from his mouth"
"přišli jsme slyšet učení z jeho úst"
Spoke the woman, "you Samanas from the forest"
Žena řekla: "vy Samany z lesa"
"you have truly come to the right place"
"opravdu jste přišli na správné místo"
"you should know, in Jetavana, there is the garden of Anathapindika"
"měl bys vědět, v Jetavaně je zahrada Anathapindika"
"that is where the exalted one dwells"
"tam přebývá vznešený"
"there you pilgrims shall spend the night"
"tam vy, poutníci, strávíte noc"
"there is enough space for the innumerable, who flock here"
"je tu dost místa pro nespočet, kteří se sem hrnou"
"they too come to hear the teachings from his mouth"
"I oni přicházejí, aby slyšeli učení z jeho úst"
This made Govinda happy, and full of joy
To udělalo Govindu šťastným a plným radosti
he exclaimed, "we have reached our destination"
zvolal: "dosáhli jsme našeho cíle"
"our path has come to an end!"
"naše cesta skončila!"
"But tell us, oh mother of the pilgrims"
"Ale řekni nám, matko poutníků"
"do you know him, the Buddha?"
"Znáš ho, Buddhu?"

"have you seen him with your own eyes?"
"Viděl jsi ho na vlastní oči?"
Spoke the woman, "Many times I have seen him, the exalted one"
Žena řekla: "Mnohokrát jsem ho viděla, toho vznešeného."
"On many days I have seen him"
"Po mnoho dní jsem ho viděl"
"I have seen him walking through the alleys in silence"
"Viděl jsem ho procházet uličkami v tichosti"
"I have seen him wearing his yellow cloak"
"Viděl jsem ho nosit svůj žlutý plášť"
"I have seen him presenting his alms-dish in silence"
"Viděl jsem ho, jak v tichosti předkládá misku s almužnou."
"I have seen him at the doors of the houses"
"Viděl jsem ho u dveří domů"
"and I have seen him leaving with a filled dish"
"a viděl jsem ho odcházet s plnou miskou"
Delightedly, Govinda listened to the woman
Govinda potěšeně naslouchal ženě
and he wanted to ask and hear much more
a chtěl se zeptat a slyšet mnohem víc
But Siddhartha urged him to walk on
Ale Siddhártha ho vyzval, aby šel dál
They thanked the woman and left
Poděkovali ženě a odešli
they hardly had to ask for directions
sotva se museli ptát na cestu
many pilgrims and monks were on their way to the Jetavana
mnoho poutníků a mnichů bylo na cestě do Jetavany
they reached it at night, so there were constant arrivals
dosáhli ho v noci, takže docházelo k neustálým příjezdům
and those who sought shelter got it
a ti, kteří hledali úkryt, ho dostali
The two Samanas were accustomed to life in the forest
Dvě Samany byly na život v lese zvyklé

so without making any noise they quickly found a place to stay
takže bez jakéhokoli hluku rychle našli místo k pobytu
and they rested there until the morning
a tam odpočívali až do rána

At sunrise, they saw with astonishment the size of the crowd
Při východu slunce s údivem viděli velikost davu
a great many number of believers had come
přišlo velké množství věřících
and a great number of curious people had spent the night here
a přenocovalo zde velké množství zvědavců
On all paths of the marvellous garden, monks walked in yellow robes
Po všech cestách nádherné zahrady kráčeli mniši ve žlutých rouchách
under the trees they sat here and there, in deep contemplation
pod stromy seděli tu a tam v hlubokém rozjímání
or they were in a conversation about spiritual matters
nebo byli v rozhovoru o duchovních věcech
the shady gardens looked like a city
stinné zahrady vypadaly jako město
a city full of people, bustling like bees
město plné lidí, rušných jako včely
The majority of the monks went out with their alms-dish
Většina mnichů odešla s almužnou
they went out to collect food for their lunch
vyšli sbírat jídlo na oběd
this would be their only meal of the day
to by bylo jejich jediné jídlo dne
The Buddha himself, the enlightened one, also begged in the mornings
Buddha sám, osvícený, také ráno prosil
Siddhartha saw him, and he instantly recognised him

Siddhártha ho viděl a okamžitě ho poznal
he recognised him as if a God had pointed him out
poznal ho, jako by na něj Bůh upozornil
He saw him, a simple man in a yellow robe
Viděl ho, prostého muže ve žlutém hábitu
he was bearing the alms-dish in his hand, walking silently
držel v ruce mísu s almužnou a tiše kráčel
"Look here!" Siddhartha said quietly to Govinda
"Podívejte se sem!" řekl Siddhártha tiše Govindovi
"This one is the Buddha"
"Tohle je Buddha"
Attentively, Govinda looked at the monk in the yellow robe
Govinda se pozorně podíval na mnicha ve žlutém rouchu
this monk seemed to be in no way different from any of the others
zdálo se, že tento mnich se nijak neliší od ostatních
but soon, Govinda also realized that this is the one
ale brzy si také Govinda uvědomil, že tohle je ten pravý
And they followed him and observed him
A šli za ním a pozorovali ho
The Buddha went on his way, modestly and deep in his thoughts
Buddha šel svou cestou, skromně a hluboko ve svých myšlenkách
his calm face was neither happy nor sad
jeho klidná tvář nebyla ani šťastná, ani smutná
his face seemed to smile quietly and inwardly
jeho tvář jako by se tiše a vnitřně usmívala
his smile was hidden, quiet and calm
jeho úsměv byl skrytý, tichý a klidný
the way the Buddha walked somewhat resembled a healthy child
způsob, jakým Buddha chodil, poněkud připomínal zdravé dítě
he walked just as all of his monks did
chodil stejně jako všichni jeho mniši

he placed his feet according to a precise rule
položil nohy podle přesného pravidla
his face and his walk, his quietly lowered glance
jeho tvář a chůze, jeho tiše skloněný pohled
his quietly dangling hand, every finger of it
jeho tiše visící ruka, každý její prst
all these things expressed peace
všechny tyto věci vyjadřovaly mír
all these things expressed perfection
všechny tyto věci vyjadřovaly dokonalost
he did not search, nor did he imitate
nehledal, ani nenapodoboval
he softly breathed inwardly an unwhithering calm
v duchu tiše vydechl neochvějný klid
he shone outwardly an unwhithering light
zazářil navenek neochabujícím světlem
he had about him an untouchable peace
měl kolem sebe nedotknutelný klid
the two Samanas recognised him solely by the perfection of his calm
oba Samany ho poznali pouze podle dokonalosti jeho klidu
they recognized him by the quietness of his appearance
poznali ho podle tichosti jeho vzhledu
the quietness in his appearance in which there was no searching
klid v jeho vzhledu, ve kterém nebylo žádné hledání
there was no desire, nor imitation
nebyla žádná touha ani napodobování
there was no effort to be seen
nebylo vidět žádné úsilí
only light and peace was to be seen in his appearance
v jeho vzhledu bylo vidět jen světlo a mír
"Today, we'll hear the teachings from his mouth" said Govinda
"Dnes uslyšíme učení z jeho úst," řekl Govinda
Siddhartha did not answer

Siddhártha neodpověděl
He felt little curiosity for the teachings
Cítil jen malou zvědavost na učení
he did not believe that they would teach him anything new
nevěřil, že by ho naučili něco nového
he had heard the contents of this Buddha's teachings again and again
znovu a znovu slyšel obsah tohoto Buddhova učení
but these reports only represented second hand information
ale tyto zprávy představovaly pouze informace z druhé ruky
But attentively he looked at Gotama's head
Ale pozorně se podíval na Gotamovu hlavu
his shoulders, his feet, his quietly dangling hand
jeho ramena, jeho nohy, jeho tiše visící ruka
it was as if every finger of this hand was of these teachings
bylo to, jako by každý prst této ruky byl z tohoto učení
his fingers spoke of truth
jeho prsty mluvily o pravdě
his fingers breathed and exhaled the fragrance of truth
jeho prsty dýchaly a vydechovaly vůni pravdy
his fingers glistened with truth
jeho prsty se leskly pravdou
this Buddha was truthful down to the gesture of his last finger
tento Buddha byl pravdivý až do gesta jeho posledního prstu
Siddhartha could see that this man was holy
Siddhártha viděl, že tento muž je svatý
Never before, Siddhartha had venerated a person so much
Nikdy předtím Siddhártha člověka tolik neuctíval
he had never before loved a person as much as this one
nikdy předtím nemiloval člověka tak moc jako tento
They both followed the Buddha until they reached the town
Oba následovali Buddhu, dokud nedorazili do města
and then they returned to their silence
a pak se vrátili ke svému mlčení
they themselves intended to abstain on this day

sami hodlali v tento den abstinovat
They saw Gotama returning the food that had been given to him
Viděli Gotamu, jak vrací jídlo, které mu bylo dáno
what he ate could not even have satisfied a bird's appetite
to, co jedl, nemohlo uspokojit ani ptačí apetit
and they saw him retiring into the shade of the mango-trees
a viděli ho, jak odchází do stínu mangovníků

in the evening the heat had cooled down
večer se vedro ochladilo
everyone in the camp started to bustle about and gathered around
všichni v táboře začali pobíhat a shromažďovali se kolem
they heard the Buddha teaching, and his voice
slyšeli Buddhovo učení a jeho hlas
and his voice was also perfected
a jeho hlas byl také dokonalý
his voice was of perfect calmness
jeho hlas byl naprosto klidný
his voice was full of peace
jeho hlas byl plný míru
Gotama taught the teachings of suffering
Gotama učil učení o utrpení
he taught of the origin of suffering
učil o původu utrpení
he taught of the way to relieve suffering
učil o způsobu, jak zmírnit utrpení
Calmly and clearly his quiet speech flowed on
Klidně a jasně jeho tichá řeč plynula dál
Suffering was life, and full of suffering was the world
Utrpení byl život a svět byl plný utrpení
but salvation from suffering had been found
ale byla nalezena spása z utrpení
salvation was obtained by him who would walk the path of the Buddha

spásu získal ten, kdo šel po cestě Buddhy
With a soft, yet firm voice the exalted one spoke
Vznešený promluvil tichým, ale pevným hlasem
he taught the four main doctrines
učil čtyři hlavní nauky
he taught the eight-fold path
učil osminásobnou cestu
patiently he went the usual path of the teachings
trpělivě šel obvyklou cestou učení
his teachings contained the examples
jeho učení obsahovalo příklady
his teaching made use of the repetitions
jeho učení využívalo opakování
brightly and quietly his voice hovered over the listeners
jasně a tiše se jeho hlas vznášel nad posluchači
his voice was like a light
jeho hlas byl jako světlo
his voice was like a starry sky
jeho hlas byl jako hvězdné nebe
When the Buddha ended his speech, many pilgrims stepped forward
Když Buddha ukončil svou řeč, mnoho poutníků vystoupilo vpřed
they asked to be accepted into the community
požádali o přijetí do společenství
they sought refuge in the teachings
hledali útočiště v učení
And Gotama accepted them by speaking
A Gotama je přijal mluvením
"You have heard the teachings well"
"Dobře jste slyšeli učení"
"join us and walk in holiness"
"připoj se k nám a choď ve svatosti"
"put an end to all suffering"
"ukončit veškeré utrpení"

Behold, then Govinda, the shy one, also stepped forward and spoke
Hle, pak Govinda, ten plachý, také vystoupil a promluvil
"I also take my refuge in the exalted one and his teachings"
"Také se ukrývám k Vznešenému a jeho učení"
and he asked to be accepted into the community of his disciples
a požádal o přijetí do společenství svých učedníků
and he was accepted into the community of Gotama's disciples
a byl přijat do komunity Gotamových učedníků

the Buddha had retired for the night
Buddha se na noc stáhl
Govinda turned to Siddhartha and spoke eagerly
Govinda se obrátil k Siddhárthovi a horlivě promluvil
"Siddhartha, it is not my place to scold you"
"Siddhártho, není mým místem, abych ti nadával"
"We have both heard the exalted one"
"Oba jsme slyšeli toho vznešeného"
"we have both perceived the teachings"
"oba jsme vnímali učení"
"Govinda has heard the teachings"
"Góvinda slyšel učení"
"he has taken refuge in the teachings"
"našel útočiště v učení"
"But, my honoured friend, I must ask you"
"Ale, můj ctěný příteli, musím se tě zeptat."
"don't you also want to walk the path of salvation?"
"Nechceš také jít cestou spásy?"
"Would you want to hesitate?"
"Chtěl bys váhat?"
"do you want to wait any longer?"
"chceš ještě čekat?"
Siddhartha awakened as if he had been asleep
Siddhártha se probudil, jako by spal

For a long time, he looked into Govinda's face
Dlouho se díval Govindovi do tváře
Then he spoke quietly, in a voice without mockery
Pak promluvil tiše, hlasem bez výsměchu
"Govinda, my friend, now you have taken this step"
"Govindo, příteli, teď jsi udělal tento krok."
"now you have chosen this path"
"teď sis vybral tuto cestu"
"Always, oh Govinda, you've been my friend"
"Vždycky, oh Govindo, byl jsi můj přítel"
"you've always walked one step behind me"
"vždy jsi šel o krok za mnou"
"Often I have thought about you"
"Často jsem na tebe myslel"
"'Won't Govinda for once also take a step by himself'"
„Neudělá Govinda pro jednou také krok sám od sebe"
"'won't Govinda take a step without me?'"
"'neudělá Govinda krok beze mě?"
"'won't he take a step driven by his own soul?'"
"'neučiní krok vedený vlastní duší?"
"Behold, now you've turned into a man"
"Hle, teď ses proměnil v muže"
"you are choosing your path for yourself"
"sám si vybíráš svou cestu"
"I wish that you would go it up to its end"
"Přál bych si, abys to dotáhl až do konce"
"oh my friend, I hope that you shall find salvation!"
"Ach můj příteli, doufám, že najdeš spásu!"
Govinda, did not completely understand it yet
Govinda, tomu ještě úplně nerozuměl
he repeated his question in an impatient tone
zopakoval svou otázku netrpělivým tónem
"Speak up, I beg you, my dear!"
"Mluv, prosím tě, má drahá!"
"Tell me, since it could not be any other way"
"Řekni mi, protože to nemůže být jinak"

"won't you also take your refuge with the exalted Buddha?"
"Nepřijmeš také své útočiště u vznešeného Buddhy?"
Siddhartha placed his hand on Govinda's shoulder
Siddhártha položil Góvindovi ruku na rameno
"You failed to hear my good wish for you"
"Neslyšel jsi moje přání pro tebe"
"I'm repeating my wish for you"
"Opakuji své přání pro tebe"
"I wish that you would go this path"
"Přál bych si, abys šel touto cestou"
"I wish that you would go up to this path's end"
"Přál bych si, abys šel až na konec této cesty"
"I wish that you shall find salvation!"
"Přeji si, abyste našli spásu!"
In this moment, Govinda realized that his friend had left him
V tu chvíli si Govinda uvědomil, že ho jeho přítel opustil
when he realized this he started to weep
když si to uvědomil, začal plakat
"Siddhartha!" he exclaimed lamentingly
"Siddhártha!" zvolal žalostně
Siddhartha kindly spoke to him
Siddhártha s ním laskavě promluvil
"don't forget, Govinda, who you are"
"nezapomeň, Govindo, kdo jsi"
"you are now one of the Samanas of the Buddha"
"Nyní jsi jedním ze Samanas of Buddha"
"You have renounced your home and your parents"
"Zřekl ses svého domova a svých rodičů"
"you have renounced your birth and possessions"
"vzdal ses svého narození a majetku"
"you have renounced your free will"
"vzdal ses své svobodné vůle"
"you have renounced all friendship"
"zřekl ses veškerého přátelství"
"This is what the teachings require"

"To je to, co učení vyžaduje"
"this is what the exalted one wants"
"toto chce ten vznešený"
"This is what you wanted for yourself"
"Tohle jsi chtěl pro sebe"
"Tomorrow, oh Govinda, I will leave you"
"Zítra, oh Govindo, tě opustím"
For a long time, the friends continued walking in the garden
Kamarádi ještě dlouho chodili po zahradě
for a long time, they lay there and found no sleep
dlouho tam ležel a nespali
And over and over again, Govinda urged his friend
A znovu a znovu naléhal Govinda na svého přítele
"why would you not want to seek refuge in Gotama's teachings?"
"Proč bys nechtěl hledat útočiště v Gotamově učení?"
"what fault could you find in these teachings?"
"Jakou chybu byste na tomto učení našli?"
But Siddhartha turned away from his friend
Ale Siddhártha se od svého přítele odvrátil
every time he said, "Be content, Govinda!"
pokaždé, když řekl: "Buď spokojený, Govindo!"
"Very good are the teachings of the exalted one"
"Velmi dobrá jsou učení vznešeného"
"how could I find a fault in his teachings?"
"Jak bych mohl najít chybu v jeho učení?"

it was very early in the morning
bylo velmi brzy ráno
one of the oldest monks went through the garden
zahradou prošel jeden z nejstarších mnichů
he called to those who had taken their refuge in the teachings
volal k těm, kteří se uchýlili do učení
he called them to dress them up in the yellow robe
vyzval je, aby je oblékli do žlutého roucha

and he instruct them in the first teachings and duties of their position
a poučil je o prvním učení a povinnostech jejich postavení
Govinda once again embraced his childhood friend
Govinda znovu objal svého přítele z dětství
and then he left with the novices
a pak odešel s nováčky
But Siddhartha walked through the garden, lost in thought
Ale Siddhártha procházel zahradou, ztracený v myšlenkách
Then he happened to meet Gotama, the exalted one
Pak náhodou potkal Gotamu, toho vznešeného
he greeted him with respect
pozdravil ho s úctou
the Buddha's glance was full of kindness and calm
Buddhův pohled byl plný laskavosti a klidu
the young man summoned his courage
sebral odvahu mladík
he asked the venerable one for the permission to talk to him
požádal ctihodného o svolení s ním mluvit
Silently, the exalted one nodded his approval
Vznešený tiše přikývl na souhlas
Spoke Siddhartha, "Yesterday, oh exalted one"
Řekl Siddhártha: "Včera, ó vznešený"
"I had been privileged to hear your wondrous teachings"
"Měl jsem tu čest slyšet tvé úžasné učení."
"Together with my friend, I had come from afar, to hear your teachings"
"Společně se svým přítelem jsem přijel z dálky, abych slyšel tvé učení."
"And now my friend is going to stay with your people"
"A teď můj přítel zůstane s tvými lidmi."
"he has taken his refuge with you"
"našel své útočiště u tebe"
"But I will again start on my pilgrimage"
"Ale znovu začnu svou pouť"
"As you please," the venerable one spoke politely

"Jak chceš," promluvil ctihodný zdvořile
"Too bold is my speech," Siddhartha continued
"Moje řeč je příliš odvážná," pokračoval Siddhártha
"but I do not want to leave the exalted on this note"
"ale nechci nechat vznešené na této poznámce"
"I want to share with the most venerable one my honest thoughts"
"Chci se s tím nejctihodnějším podělit o své upřímné myšlenky"
"Does it please the venerable one to listen for one moment longer?"
"Líbí se ctihodnému poslouchat ještě chvíli?"
Silently, the Buddha nodded his approval
Buddha mlčky přikývl na souhlas
Spoke Siddhartha, "oh most venerable one"
Řekl Siddhártha, "ó nejctihodnější"
"there is one thing I have admired in your teachings most of all"
"Je jedna věc, kterou jsem na tvém učení obdivoval ze všeho nejvíc"
"Everything in your teachings is perfectly clear"
"Všechno ve tvém učení je naprosto jasné"
"what you speak of is proven"
"to, o čem mluvíš, je dokázáno"
"you are presenting the world as a perfect chain"
"představujete svět jako dokonalý řetězec"
"a chain which is never and nowhere broken"
"řetěz, který se nikdy a nikde nepřetrhne"
"an eternal chain the links of which are causes and effects"
"věčný řetěz, jehož články jsou příčiny a následky"
"Never before, has this been seen so clearly"
"Nikdy předtím, nebylo to vidět tak jasně"
"never before, has this been presented so irrefutably"
"nikdy předtím, nebylo to tak nevyvratitelně prezentováno"
"truly, the heart of every Brahman has to beat stronger with love"

"Opravdu, srdce každého Brahmanu musí bít silnější láskou"
"he has seen the world through your perfectly connected teachings"
"Viděl svět skrze tvé dokonale propojené učení"
"without gaps, clear as a crystal"
"bez mezer, čistý jako krystal"
"not depending on chance, not depending on Gods"
"nezávisí na náhodě, nezávisí na bohech"
"he has to accept it whether it may be good or bad"
"musí to přijmout, ať už je to dobré nebo špatné"
"he has to live by it whether it would be suffering or joy"
"musí tím žít, ať už to bude utrpení nebo radost"
"but I do not wish to discuss the uniformity of the world"
"ale nechci diskutovat o uniformitě světa"
"it is possible that this is not essential"
"je možné, že to není podstatné"
"everything which happens is connected"
"vše, co se děje, je propojeno"
"the great and the small things are all encompassed"
"všechny velké a malé věci jsou zahrnuty"
"they are connected by the same forces of time"
"jsou spojeny stejnými silami času"
"they are connected by the same law of causes"
"jsou spojeni stejným zákonem příčin"
"the causes of coming into being and of dying"
"příčiny vzniku a umírání"
"this is what shines brightly out of your exalted teachings"
"toto jasně září z tvého vznešeného učení"
"But, according to your very own teachings, there is a small gap"
"Ale podle tvého vlastního učení je tu malá mezera."
"this unity and necessary sequence of all things is broken in one place"
"tato jednota a nezbytná posloupnost všech věcí je narušena na jednom místě"
"this world of unity is invaded by something alien"

"tento svět jednoty je napaden něčím mimozemským"
"there is something new, which had not been there before"
"je něco nového, co tu ještě nebylo"
"there is something which cannot be demonstrated"
"je něco, co nelze prokázat"
"there is something which cannot be proven"
"je něco, co nelze dokázat"
"these are your teachings of overcoming the world"
"toto jsou vaše učení o překonání světa"
"these are your teachings of salvation"
"toto jsou vaše nauky o spasení"
"But with this small gap, the eternal breaks apart again"
"Ale s touto malou mezerou se věčnost znovu rozpadne"
"with this small breach, the law of the world becomes void"
"s tímto malým porušením se zákon světa stává neplatným"
"Please forgive me for expressing this objection"
"Prosím, odpusťte mi, že jsem vyjádřil tuto námitku"
Quietly, Gotama had listened to him, unmoved
Gotama ho tiše naslouchal, nepohnut
Now he spoke, the perfected one, with his kind and polite clear voice
Nyní promluvil, ten dokonalý, svým laskavým a zdvořilým jasným hlasem
"You've heard the teachings, oh son of a Brahman"
"Slyšel jsi učení, ó synu Brahman"
"and good for you that you've thought about it this deeply"
"a dobře pro tebe, že jsi o tom přemýšlel tak hluboce"
"You've found a gap in my teachings, an error"
"Našli jste mezeru v mém učení, chybu"
"You should think about this further"
"Měl bys o tom ještě přemýšlet"
"But be warned, oh seeker of knowledge, of the thicket of opinions"
"Ale varuj se, hledače poznání, před houštinou názorů."
"be warned of arguing about words"
"být varován před hádkami o slovech"

"There is nothing to opinions"
"Na názorech není nic"
"they may be beautiful or ugly"
"mohou být krásné nebo ošklivé"
"opinions may be smart or foolish"
"názory mohou být chytré nebo hloupé"
"everyone can support opinions, or discard them"
"každý může podpořit názory, nebo je zahodit"
"But the teachings, you've heard from me, are no opinion"
"Ale učení, jak jste ode mě slyšeli, nejsou žádný názor."
"their goal is not to explain the world to those who seek knowledge"
"jejich cílem není vysvětlovat svět těm, kteří hledají poznání"
"They have a different goal"
"Mají jiný cíl"
"their goal is salvation from suffering"
"jejich cílem je spasení z utrpení"
"This is what Gotama teaches, nothing else"
"Toto učí Gotama, nic jiného"
"I wish that you, oh exalted one, would not be angry with me" said the young man
"Přál bych si, aby ses na mě, ó vznešený, nezlobil," řekl mladý muž
"I have not spoken to you like this to argue with you"
"Nemluvil jsem s tebou takhle, abych se s tebou hádal."
"I do not wish to argue about words"
"Nechci se hádat o slovech"
"You are truly right, there is little to opinions"
"Máš opravdu pravdu, na názory je málo"
"But let me say one more thing"
"Ale dovolte mi říci ještě jednu věc"
"I have not doubted in you for a single moment"
"Nepochyboval jsem o tobě ani na okamžik"
"I have not doubted for a single moment that you are Buddha"
"Ani na okamžik jsem nepochyboval, že jsi Buddha."

"I have not doubted that you have reached the highest goal"
"Nepochyboval jsem, že jsi dosáhl nejvyššího cíle"
"the highest goal towards which so many Brahmans are on their way"
"nejvyšší cíl, ke kterému směřuje tolik Brahmanů"
"You have found salvation from death"
"Našel jsi spásu před smrtí"
"It has come to you in the course of your own search"
"Přišlo k tobě v průběhu tvého vlastního hledání"
"it has come to you on your own path"
"přišlo to k tobě vlastní cestou"
"it has come to you through thoughts and meditation"
"přišlo k tobě skrze myšlenky a meditaci"
"it has come to you through realizations and enlightenment"
"přišlo k tobě skrze realizace a osvícení"
"but it has not come to you by means of teachings!"
"ale nepřišlo k tobě prostřednictvím učení!"
"And this is my thought"
"A to je moje myšlenka"
"nobody will obtain salvation by means of teachings!"
"Nikdo nezíská spasení prostřednictvím učení!"
"You will not be able to convey your hour of enlightenment"
"Nebudeš schopen předat svou hodinu osvícení"
"words of what has happened to you won't convey the moment!"
"Slova o tom, co se ti stalo, neřeknou okamžik!"
"The teachings of the enlightened Buddha contain much"
"Učení osvíceného Buddhy obsahuje mnoho"
"it teaches many to live righteously"
"učí mnohé žít spravedlivě"
"it teaches many to avoid evil"
"učí mnohé vyhýbat se zlu"
"But there is one thing which these teachings do not contain"
"Ale je jedna věc, kterou tato učení neobsahují"
"they are clear and venerable, but the teachings miss something"

"jsou jasné a ctihodné, ale učení něco postrádá"
"the teachings do not contain the mystery"
"učení neobsahuje tajemství"
"the mystery of what the exalted one has experienced for himself"
"Tajemství toho, co vznešený na sobě zažil"
"among hundreds of thousands, only he experienced it"
"mezi stovkami tisíc to zažil jen on"
"This is what I have thought and realized, when I heard the teachings"
"To je to, co jsem si myslel a uvědomil, když jsem slyšel učení."
"This is why I am continuing my travels"
"To je důvod, proč pokračuji ve svých cestách"
"this is why I do not to seek other, better teachings"
"to je důvod, proč nechci hledat jiné, lepší učení"
"I know there are no better teachings"
"Vím, že neexistuje lepší učení"
"I leave to depart from all teachings and all teachers"
"Odcházím od všech učení a všech učitelů"
"I leave to reach my goal by myself, or to die"
"Odcházím, abych dosáhl svého cíle sám, nebo zemřu"
"But often, I'll think of this day, oh exalted one"
"Ale často budu myslet na tento den, oh vznešený"
"and I'll think of this hour, when my eyes beheld a holy man"
"a budu myslet na tuto hodinu, kdy mé oči spatřily svatého muže"
The Buddha's eyes quietly looked to the ground
Buddhovy oči tiše hleděly k zemi
quietly, in perfect equanimity, his inscrutable face was smiling
jeho nevyzpytatelný obličej se tiše, v dokonalé vyrovnanosti, usmíval
the venerable one spoke slowly
mluvil pomalu ten ctihodný
"I wish that your thoughts shall not be in error"

"Přeji si, aby se vaše myšlenky nemýlily"
"I wish that you shall reach the goal!"
"Přeji si, abyste dosáhl cíle!"
"But there is something I ask you to tell me"
"Ale je tu něco, co tě žádám, abys mi řekl"
"Have you seen the multitude of my Samanas?"
"Viděl jsi to množství mých Samánů?"
"they have taken refuge in the teachings"
"našli útočiště v učení"
"do you believe it would be better for them to abandon the teachings?"
"Věříš, že by pro ně bylo lepší opustit učení?"
"should they to return into the world of desires?"
"Měli by se vrátit do světa tužeb?"
"Far is such a thought from my mind" exclaimed Siddhartha
"Daleko je taková myšlenka z mé mysli," zvolal Siddhártha
"I wish that they shall all stay with the teachings"
"Přál bych si, aby všichni zůstali s učením"
"I wish that they shall reach their goal!"
"Přeji si, aby dosáhli svého cíle!"
"It is not my place to judge another person's life"
"Nepřísluší mi soudit život jiného člověka"
"I can only judge my own life "
"Můžu soudit jen svůj vlastní život"
"I must decide, I must chose, I must refuse"
"Musím se rozhodnout, musím si vybrat, musím odmítnout"
"Salvation from the self is what we Samanas search for"
"Spása od vlastního já je to, co my Samané hledáme"
"oh exalted one, if only I were one of your disciples"
"Ó vznešený, kdybych byl jen jedním z tvých učedníků"
"I'd fear that it might happen to me"
"Bál bych se, že se mi to může stát"
"only seemingly, would my self be calm and be redeemed"
"jen zdánlivě by bylo mé já klidné a vykoupené"
"but in truth it would live on and grow"
"ale ve skutečnosti by to žilo a rostlo"

"because then I would replace my self with the teachings"
"protože pak bych nahradil své já učením"
"my self would be my duty to follow you"
"Moje já by bylo mou povinností tě následovat"
"my self would be my love for you"
"Moje já by bylo mou láskou k tobě"
"and my self would be the community of the monks!"
"a moje já by bylo společenstvím mnichů!"
With half of a smile Gotama looked into the stranger's eyes
Gotama se s napůl úsměvem podíval cizinci do očí
his eyes were unwaveringly open and kind
jeho oči byly neochvějně otevřené a laskavé
he bid him to leave with a hardly noticeable gesture
sotva znatelným gestem ho vyzval, aby odešel
"You are wise, oh Samana" the venerable one spoke
"Jsi moudrá, ó Samano," promluvil ctihodný
"You know how to talk wisely, my friend"
"Víš, jak mluvit moudře, příteli."
"Be aware of too much wisdom!"
"Buď si vědom přílišné moudrosti!"
The Buddha turned away
Buddha se odvrátil
Siddhartha would never forget his glance
Siddhártha na jeho pohled nikdy nezapomene
his half smile remained forever etched in Siddhartha's memory
jeho poloviční úsměv zůstal navždy vrytý do Siddharthovy paměti
Siddhartha thought to himself
pomyslel si Siddhártha
"I have never before seen a person glance and smile this way"
"Nikdy předtím jsem neviděl nikoho, kdo by se podíval a usmál se tímto způsobem"
"no one else sits and walks like he does"
"nikdo jiný nesedí a nechodí jako on"

"truly, I wish to be able to glance and smile this way"
"Opravdu, přeji si umět se takto dívat a usmívat"
"I wish to be able to sit and walk this way, too"
"Také bych si přál umět sedět a chodit tudy"
"liberated, venerable, concealed, open, childlike and mysterious"
"osvobozený, ctihodný, skrytý, otevřený, dětský a tajemný"
"he must have succeeded in reaching the innermost part of his self"
"muselo se mu podařit dosáhnout nejniternější části svého já"
"only then can someone glance and walk this way"
"jen pak se někdo může podívat a jít tudy"
"I will also seek to reach the innermost part of my self"
"Budu se také snažit dosáhnout nejniternější části mého já"
"I saw a man" Siddhartha thought
"Viděl jsem muže," pomyslel si Siddhártha
"a single man, before whom I would have to lower my glance"
"jediný muž, před kterým bych musel sklopit pohled"
"I do not want to lower my glance before anyone else"
"Nechci sklopit svůj pohled před nikým jiným"
"No teachings will entice me more anymore"
"Žádné učení mě už nebude více lákat"
"because this man's teachings have not enticed me"
"protože mě učení tohoto muže nezlákalo"
"I am deprived by the Buddha" thought Siddhartha
"Buddha mě připravil o život," pomyslel si Siddhártha
"I am deprived, although he has given so much"
"Jsem ochuzený, i když dal tolik"
"he has deprived me of my friend"
"připravil mě o mého přítele"
"my friend who had believed in me"
"můj přítel, který ve mě věřil"
"my friend who now believes in him"
"můj přítel, který v něj nyní věří"
"my friend who had been my shadow"

"můj přítel, který byl mým stínem"
"and now he is Gotama's shadow"
"a teď je Gotamův stín"
"but he has given me Siddhartha"
"ale dal mi Siddhártha"
"he has given me myself"
"dal mi sebe"

Awakening
Probuzení

Siddhartha left the mango grove behind him
Siddhártha za sebou nechal mangový háj
but he felt his past life also stayed behind
ale cítil, že jeho minulý život také zůstal pozadu
the Buddha, the perfected one, stayed behind
Buddha, ten dokonalý, zůstal pozadu
and Govinda stayed behind too
a Govinda zůstal také pozadu
and his past life had parted from him
a jeho minulý život se s ním rozloučil
he pondered as he was walking slowly
uvažoval, když šel pomalu
he pondered about this sensation, which filled him completely
přemítal o tom pocitu, který ho úplně naplnil
He pondered deeply, like diving into a deep water
Hluboce se zamyslel, jako by se ponořil do hluboké vody
he let himself sink down to the ground of the sensation
nechal se klesnout na zem toho pocitu
he let himself sink down to the place where the causes lie
nechal se potopit až tam, kde leží příčiny
to identify the causes is the very essence of thinking
identifikovat příčiny je samotnou podstatou myšlení
this was how it seemed to him
takhle se mu to zdálo
and by this alone, sensations turn into realizations
a pouze tímto se vjemy mění v realizace
and these sensations are not lost
a tyto pocity se neztrácejí
but the sensations become entities
ale pocity se stávají entitami
and the sensations start to emit what is inside of them
a pocity začnou vydávat to, co je v nich

they show their truths like rays of light
ukazují své pravdy jako paprsky světla
Slowly walking along, Siddhartha pondered
Siddhártha pomalu kráčel a přemýšlel
He realized that he was no youth any more
Uvědomil si, že už není žádný mladík
he realized that he had turned into a man
uvědomil si, že se proměnil v muže
He realized that something had left him
Uvědomil si, že ho něco opustilo
the same way a snake is left by its old skin
stejně jako had zanechá jeho stará kůže
what he had throughout his youth no longer existed in him
co měl po celé mládí, už v něm neexistovalo
it used to be a part of him; the wish to have teachers
bývalo jeho součástí; přání mít učitele
the wish to listen to teachings
přání naslouchat učení
He had also left the last teacher who had appeared on his path
Opustil také posledního učitele, který se objevil na jeho cestě
he had even left the highest and wisest teacher
dokonce opustil nejvyššího a nejmoudřejšího učitele
he had left the most holy one, Buddha
opustil nejsvětějšího, Buddhu
he had to part with him, unable to accept his teachings
musel se s ním rozloučit, neschopen přijmout jeho učení
Slower, he walked along in his thoughts
V myšlenkách kráčel pomaleji
and he asked himself, "But what is this?"
a zeptal se sám sebe: "Ale co je tohle?"
"what have you sought to learn from teachings and from teachers?"
"Co jste se snažil naučit z učení a od učitelů?"
"and what were they, who have taught you so much?"
"A co byli zač, kteří tě tolik naučili?"

"what are they if they have been unable to teach you?"
"Co jsou zač, když tě nedokázali naučit?"
And he found, "It was the self"
A našel: "Bylo to já"
"it was the purpose and essence of which I sought to learn"
"to byl účel a podstata, kterou jsem se snažil naučit"
"It was the self I wanted to free myself from"
"Bylo to to já, od kterého jsem se chtěl osvobodit"
"the self which I sought to overcome"
"já, které jsem se snažil překonat"
"But I was not able to overcome it"
"Ale nebyl jsem schopen to překonat"
"I could only deceive it"
"Mohl jsem to jen oklamat"
"I could only flee from it"
"Mohl jsem před tím jen utéct"
"I could only hide from it"
"Mohl jsem se před tím jen schovat"
"Truly, no thing in this world has kept my thoughts so busy"
"Opravdu, žádná věc na tomto světě nezaměstnávala mé myšlenky."
"I have been kept busy by the mystery of me being alive"
"Byl jsem zaneprázdněn tajemstvím, že jsem naživu"
"the mystery of me being one"
"záhada toho, že jsem jeden"
"the mystery if being separated and isolated from all others"
"Tajemství, pokud je oddělen a izolován od všech ostatních"
"the mystery of me being Siddhartha!"
"Tajemství, že jsem Siddhártha!"
"And there is no thing in this world I know less about"
"A není žádná věc na tomto světě, o které bych věděl méně"
he had been pondering while slowly walking along
přemýšlel, zatímco pomalu kráčel podél
he stopped as these thoughts caught hold of him
zastavil se, když ho tyto myšlenky popadly

and right away another thought sprang forth from these thoughts
a hned z těchto myšlenek vytryskla další myšlenka
"there's one reason why I know nothing about myself"
"Existuje jeden důvod, proč o sobě nic nevím"
"there's one reason why Siddhartha has remained alien to me"
"Existuje jeden důvod, proč mi Siddhártha zůstal cizí."
"all of this stems from one cause"
"to vše pramení z jedné příčiny"
"I was afraid of myself, and I was fleeing"
"Bál jsem se o sebe a utíkal jsem"
"I have searched for both Atman and Brahman"
"Hledal jsem jak Átman, tak Brahman"
"for this I was willing to dissect my self"
"za to jsem byl ochoten se pitvat"
"and I was willing to peel off all of its layers"
"a byl jsem ochoten sloupnout všechny jeho vrstvy"
"I wanted to find the core of all peels in its unknown interior"
"Chtěl jsem najít jádro všech slupek v jeho neznámém nitru"
"the Atman, life, the divine part, the ultimate part"
"Átman, život, božská část, konečná část"
"But I have lost myself in the process"
"Ale ztratil jsem se v tom procesu"
Siddhartha opened his eyes and looked around
Siddhártha otevřel oči a rozhlédl se
looking around, a smile filled his face
Když se rozhlédl kolem, na tváři se mu objevil úsměv
a feeling of awakening from long dreams flowed through him
proudil jím pocit probuzení z dlouhých snů
the feeling flowed from his head down to his toes
ten pocit mu přecházel od hlavy dolů k patám
And it was not long before he walked again
A netrvalo dlouho a znovu šel

he walked quickly, like a man who knows what he has got to do
šel rychle jako muž, který ví, co má dělat
"now I will not let Siddhartha escape from me again!"
"Nyní nedovolím, aby mi Siddhártha znovu utekl!"
"I no longer want to begin my thoughts and my life with Atman"
"Už nechci začít své myšlenky a svůj život s Átmanem"
"nor do I want to begin my thoughts with the suffering of the world"
"ani nechci začít své myšlenky utrpením světa"
"I do not want to kill and dissect myself any longer"
"Už se nechci zabíjet a pitvat se"
"Yoga-Veda shall not teach me anymore"
"Jóga-véda mě už nebude učit"
"nor Atharva-Veda, nor the ascetics"
„ani Atharva-Veda, ani asketové"
"there will not be any kind of teachings"
"nebude žádný druh učení"
"I want to learn from myself and be my student"
"Chci se učit sám od sebe a být svým studentem"
"I want to get to know myself; the secret of Siddhartha"
"Chci poznat sám sebe; tajemství Siddhárthy"

He looked around, as if he was seeing the world for the first time
Rozhlédl se kolem sebe, jako by viděl svět poprvé
Beautiful and colourful was the world
Krásný a barevný byl svět
strange and mysterious was the world
svět byl zvláštní a tajemný
Here was blue, there was yellow, here was green
Tady byla modrá, tam byla žlutá, tady byla zelená
the sky and the river flowed
nebe a řeka tekla
the forest and the mountains were rigid

les a hory byly strnulé
all of the world was beautiful
celý svět byl krásný
all of it was mysterious and magical
všechno to bylo tajemné a magické
and in its midst was he, Siddhartha, the awakening one
a v jejím středu byl on, Siddhártha, ten probouzející se
and he was on the path to himself
a byl na cestě k sobě
all this yellow and blue and river and forest entered Siddhartha
všechna tato žlutá a modrá, řeka a les vstoupily do Siddhárthy
for the first time it entered through the eyes
poprvé vstoupila očima
it was no longer a spell of Mara
už to nebylo kouzlo Mary
it was no longer the veil of Maya
už to nebyl Mayův závoj
it was no longer a pointless and coincidental
už to nebylo zbytečné a náhodné
things were not just a diversity of mere appearances
věci nebyly jen rozmanitostí pouhého zdání
appearances despicable to the deeply thinking Brahman
zdání opovrženíhodné pro hluboce myslícího Brahman
the thinking Brahman scorns diversity, and seeks unity
myslící Brahman pohrdá rozmanitostí a hledá jednotu
Blue was blue and river was river
Modrá byla modrá a řeka byla řeka
the singular and divine lived hidden in Siddhartha
jedinečné a božské žilo skryté v Siddhárthě
divinity's way and purpose was to be yellow here, and blue there
způsobem a účelem božství bylo být žluté tady a modré tam
there sky, there forest, and here Siddhartha
tam nebe, tam les a tady Siddhártha

The purpose and essential properties was not somewhere behind the things
Účel a podstatné vlastnosti nebyly někde za věcmi
the purpose and essential properties was inside of everything
účel a základní vlastnosti byly uvnitř všeho
"How deaf and stupid have I been!" he thought
"Jak jsem byl hluchý a hloupý!" pomyslel si
and he walked swiftly along
a šel rychle dál
"When someone reads a text he will not scorn the symbols and letters"
"Když někdo čte text, nebude opovrhovat symboly a písmeny."
"he will not call the symbols deceptions or coincidences"
"nebude nazývat symboly podvody nebo náhodami"
"but he will read them as they were written"
"ale bude je číst tak, jak byly napsány"
"he will study and love them, letter by letter"
"bude je studovat a milovat je, písmeno po písmenu"
"I wanted to read the book of the world and scorned the letters"
"Chtěl jsem číst knihu světa a pohrdal písmeny"
"I wanted to read the book of myself and scorned the symbols"
"Chtěl jsem si přečíst svou knihu a pohrdal jsem symboly"
"I called my eyes and my tongue coincidental"
"Nazval jsem své oči a svůj jazyk náhodou"
"I said they were worthless forms without substance"
"Řekl jsem, že jsou to bezcenné formy bez podstaty"
"No, this is over, I have awakened"
"Ne, tohle je konec, probudil jsem se"
"I have indeed awakened"
"Opravdu jsem se probudil"
"I had not been born before this very day"
"Nenarodil jsem se před tímto dnem"

In thinking these thoughts, Siddhartha suddenly stopped once again
Při těchto myšlenkách se Siddhártha náhle znovu zastavil
he stopped as if there was a snake lying in front of him
zastavil se, jako by před ním ležel had
suddenly, he had also become aware of something else
najednou si také uvědomil něco jiného
He was indeed like someone who had just woken up
Byl opravdu jako někdo, kdo se právě probudil
he was like a new-born baby starting life anew
byl jako novorozené dítě, které začíná nový život
and he had to start again at the very beginning
a musel začít znovu od úplného začátku
in the morning he had had very different intentions
ráno měl úplně jiné úmysly
he had thought to return to his home and his father
myslel si, že se vrátí do svého domova a ke svému otci
But now he stopped as if a snake was lying on his path
Ale teď se zastavil, jako by mu na cestě ležel had
he made a realization of where he was
uvědomil si, kde je
"I am no longer the one I was"
"Už nejsem tím, kým jsem byl"
"I am no ascetic anymore"
"Už nejsem žádný asketa"
"I am not a priest anymore"
"Už nejsem kněz"
"I am no Brahman anymore"
"Už nejsem žádný Brahman"
"Whatever should I do at my father's place?"
"Co mám dělat u svého otce?"
"Study? Make offerings? Practise meditation?"
"Studovat? Přinášet oběti? Cvičit meditaci?"
"But all this is over for me"
"Ale tohle všechno pro mě skončilo"
"all of this is no longer on my path"

"to vše už není na mé cestě"
Motionless, Siddhartha remained standing there
Siddhártha tam zůstal stát bez hnutí
and for the time of one moment and breath, his heart felt cold
a na okamžik a nadechnutí se mu srdce ochladilo
he felt a coldness in his chest
cítil chlad v hrudi
the same feeling a small animal feels when it sees how alone it is
stejný pocit cítí malé zvíře, když vidí, jak je samo
For many years, he had been without home and had felt nothing
Po mnoho let byl bez domova a nic necítil
Now, he felt he had been without a home
Nyní měl pocit, že byl bez domova
Still, even in the deepest meditation, he had been his father's son
Přesto, i v nejhlubší meditaci, byl synem svého otce
he had been a Brahman, of a high caste
byl Brahman z vysoké kasty
he had been a cleric
byl knězem
Now, he was nothing but Siddhartha, the awoken one
Nyní nebyl nic jiného než Siddhártha, ten probuzený
nothing else was left of him
nic jiného z něj nezbylo
Deeply, he inhaled and felt cold
Zhluboka se nadechl a pocítil chlad
a shiver ran through his body
tělem mu projel mráz
Nobody was as alone as he was
Nikdo nebyl tak sám jako on
There was no nobleman who did not belong to the noblemen
Nebyl žádný šlechtic, který by nepatřil mezi šlechtice

there was no worker that did not belong to the workers
nebyl žádný dělník, který by nepatřil k dělníkům
they had all found refuge among themselves
všichni mezi sebou našli útočiště
they shared their lives and spoke their languages
sdíleli své životy a mluvili svými jazyky
there are no Brahman who would not be regarded as Brahmans
neexistuje žádný Brahman, který by nebyl považován za Brahmany
and there are no Brahmans that didn't live as Brahmans
a neexistují žádní bráhmani, kteří nežili jako bráhmani
there are no ascetic who could not find refuge with the Samanas
neexistuje žádný asketa, který by nemohl najít útočiště u Samanas
and even the most forlorn hermit in the forest was not alone
a ani ten nejopuštěnější poustevník v lese nebyl sám
he was also surrounded by a place he belonged to
byl také obklopen místem, kam patřil
he also belonged to a caste in which he was at home
patřil také ke kastě, ve které byl doma
Govinda had left him and became a monk
Govinda ho opustil a stal se mnichem
and a thousand monks were his brothers
a tisíc mnichů byli jeho bratři
they wore the same robe as him
měli na sobě stejné roucho jako on
they believed in his faith and spoke his language
věřili v jeho víru a mluvili jeho jazykem
But he, Siddhartha, where did he belong to?
Ale on, Siddhártha, kam patřil?
With whom would he share his life?
S kým by sdílel svůj život?
Whose language would he speak?
Čí jazykem by mluvil?

the world melted away all around him
svět kolem něj roztál
he stood alone like a star in the sky
stál sám jako hvězda na nebi
cold and despair surrounded him
obklopil ho chlad a zoufalství
but Siddhartha emerged out of this moment
ale Siddhártha se z tohoto okamžiku vynořil
Siddhartha emerged more his true self than before
Siddhártha se ukázal více jako své pravé já než předtím
he was more firmly concentrated than he had ever been
byl koncentrovanější než kdy předtím
He felt; "this had been the last tremor of the awakening"
Cítil; "toto byl poslední záchvěv probuzení"
"the last struggle of this birth"
"poslední boj tohoto zrození"
And it was not long until he walked again in long strides
A netrvalo dlouho a znovu kráčel dlouhými kroky
he started to proceed swiftly and impatiently
začal postupovat rychle a netrpělivě
he was no longer going home
už nešel domů
he was no longer going to his father
k otci už nešel

Part Two
Část druhá

***

Kamala

Siddhartha learned something new on every step of his path
Siddhártha se na každém kroku své cesty naučil něco nového
because the world was transformed and his heart was enchanted
protože svět se proměnil a jeho srdce bylo okouzleno
He saw the sun rising over the mountains
Viděl slunce vycházet nad horami
and he saw the sun setting over the distant beach
a uviděl zapadající slunce nad vzdálenou pláží
At night, he saw the stars in the sky in their fixed positions
V noci viděl hvězdy na obloze ve svých pevných pozicích
and he saw the crescent of the moon floating like a boat in the blue
a viděl srpek měsíce plovoucí jako člun v modrém
He saw trees, stars, animals, and clouds
Viděl stromy, hvězdy, zvířata a mraky
rainbows, rocks, herbs, flowers, streams and rivers
duhy, skály, byliny, květiny, potoky a řeky
he saw the glistening dew in the bushes in the morning
viděl ráno lesknoucí se rosu v křoví
he saw distant high mountains which were blue
viděl vzdálené vysoké hory, které byly modré
wind blew through the rice-field
vítr foukal přes rýžové pole
all of this, a thousand-fold and colourful, had always been there
tohle všechno, tisícinásobné a barevné, tu bylo vždycky
the sun and the moon had always shone
slunce a měsíc vždy svítily

rivers had always roared and bees had always buzzed
řeky vždy hučely a včely vždy bzučely
but in former times all of this had been a deceptive veil
ale v dřívějších dobách to všechno byl klamný závoj
to him it had been nothing more than fleeting
pro něj to nebylo nic jiného než pomíjivé
it was supposed to be looked upon in distrust
mělo se na to pohlížet s nedůvěrou
it was destined to be penetrated and destroyed by thought
bylo předurčeno k proniknutí a zničení myšlenkou
since it was not the essence of existence
protože to nebylo podstatou existence
since this essence lay beyond, on the other side of, the visible
protože tato podstata ležela za viditelným, na druhé straně
But now, his liberated eyes stayed on this side
Ale teď jeho osvobozené oči zůstaly na této straně
he saw and became aware of the visible
viděl a uvědomoval si viditelné
he sought to be at home in this world
snažil se být v tomto světě doma
he did not search for the true essence
nehledal pravou podstatu
he did not aim at a world beyond
nemířil na svět za ním
this world was beautiful enough for him
tento svět byl pro něj dost krásný
looking at it like this made everything childlike
Při pohledu na to takhle vypadalo všechno jako děti
Beautiful were the moon and the stars
Krásný byl měsíc a hvězdy
beautiful was the stream and the banks
krásný byl potok a břehy
the forest and the rocks, the goat and the gold-beetle
les a skály, koza a zlatý brouk
the flower and the butterfly; beautiful and lovely it was

květina a motýl; krásné a krásné to bylo
to walk through the world was childlike again
procházet se světem bylo opět dětské
this way he was awoken
tímto způsobem byl probuzen
this way he was open to what is near
tímto způsobem byl otevřený tomu, co je blízko
this way he was without distrust
takhle byl bez nedůvěry
differently the sun burnt the head
jinak slunce spálilo hlavu
differently the shade of the forest cooled him down
jinak ho stín lesa ochlazoval
differently the pumpkin and the banana tasted
dýně a banán chutnaly jinak
Short were the days, short were the nights
Krátké byly dny, krátké noci
every hour sped swiftly away like a sail on the sea
každá hodina rychle utekla jako plachta na moři
and under the sail was a ship full of treasures, full of joy
a pod plachtou byla loď plná pokladů, plná radosti
Siddhartha saw a group of apes moving through the high canopy
Siddhártha viděl, jak se vysokým baldachýnem pohybuje skupina lidoopů
they were high in the branches of the trees
byly vysoko ve větvích stromů
and he heard their savage, greedy song
a slyšel jejich divokou, chamtivou píseň
Siddhartha saw a male sheep following a female one and mating with her
Siddhártha viděl samce ovce, který následoval samici a pářil se s ní
In a lake of reeds, he saw the pike hungrily hunting for its dinner
V jezeře rákosí viděl štiku, jak hladově loví večeři

young fish were propelling themselves away from the pike
mladé ryby se odháněly od štik
they were scared, wiggling and sparkling
byli vyděšení, vrtěli se a jiskřili
the young fish jumped in droves out of the water
mladé ryby houfně vyskakovaly z vody
the scent of strength and passion came forcefully out of the water
vůně síly a vášně prudce vycházela z vody
and the pike stirred up the scent
a štika rozvířila vůni
All of this had always existed
Tohle všechno vždy existovalo
and he had not seen it, nor had he been with it
a on to neviděl, ani s tím nebyl
Now he was with it and he was part of it
Teď byl u toho a byl toho součástí
Light and shadow ran through his eyes
Světlo a stín mu procházely očima
stars and moon ran through his heart
hvězdy a měsíc procházely jeho srdcem

Siddhartha remembered everything he had experienced in the Garden Jetavana
Siddhártha si pamatoval vše, co zažil v Garden Jetavana
he remembered the teaching he had heard there from the divine Buddha
vzpomněl si na učení, které tam slyšel od božského Buddhy
he remembered the farewell from Govinda
vzpomněl si na rozloučení z Govindy
he remembered the conversation with the exalted one
vzpomněl si na rozhovor s vznešeným
Again he remembered his own words that he had spoken to the exalted one
Znovu si vzpomněl na svá vlastní slova, která mluvil s tím vznešeným

he remembered every word
pamatoval si každé slovo
he realized he had said things which he had not really known
uvědomil si, že řekl věci, které ve skutečnosti neznal
he astonished himself with what he had said to Gotama
udivil sám sebe tím, co řekl Gotamovi
the Buddha's treasure and secret was not the teachings
Buddhovým pokladem a tajemstvím nebylo učení
but the secret was the inexpressible and not teachable
ale tajemství bylo nevyslovitelné a nepoučitelné
the secret which he had experienced in the hour of his enlightenment
tajemství, které prožil v hodině svého osvícení
the secret was nothing but this very thing which he had now gone to experience
tajemství nebylo nic jiného než právě tato věc, kterou nyní šel zažít
the secret was what he now began to experience
tajemství bylo to, co teď začal zažívat
Now he had to experience his self
Teď musel zažít sám sebe
he had already known for a long time that his self was Atman
už dávno věděl, že jeho já je Átman
he knew Atman bore the same eternal characteristics as Brahman
věděl, že Átman má stejné věčné vlastnosti jako Brahman
But he had never really found this self
Ale tohle já nikdy ve skutečnosti nenašel
because he had wanted to capture the self in the net of thought
protože chtěl zachytit své já v síti myšlenek
but the body was not part of the self
ale tělo nebylo součástí já
it was not the spectacle of the senses

nebyla to podívaná smyslů
so it also was not the thought, nor the rational mind
takže to také nebyla myšlenka, ani racionální mysl
it was not the learned wisdom, nor the learned ability
nebyla to naučená moudrost, ani naučená schopnost
from these things no conclusions could be drawn
z těchto věcí nelze vyvozovat žádné závěry
No, the world of thought was also still on this side
Ne, myšlenkový svět byl také stále na této straně
Both, the thoughts as well as the senses, were pretty things
Oba, myšlenky i smysly, byly krásné věci
but the ultimate meaning was hidden behind both of them
ale konečný význam byl skrytý za oběma
both had to be listened to and played with
obojí se muselo poslouchat a hrát
neither had to be scorned nor overestimated
nebylo třeba opovrhovat ani přeceňovat
there were secret voices of the innermost truth
ozývaly se tajné hlasy nejniternější pravdy
these voices had to be attentively perceived
tyto hlasy bylo třeba pozorně vnímat
He wanted to strive for nothing else
O nic jiného nechtěl usilovat
he would do what the voice commanded him to do
udělá, co mu hlas přikázal
he would dwell where the voices advised him to
bude bydlet tam, kde mu hlasy radily
Why had Gotama sat down under the Bodhi tree?
Proč si Gotama sedl pod strom Bodhi?
He had heard a voice in his own heart
Slyšel hlas ve svém srdci
a voice which had commanded him to seek rest under this tree
hlas, který mu přikázal hledat odpočinek pod tímto stromem
he could have gone on to make offerings
mohl pokračovat v obětech

he could have performed his ablutions
mohl provést své mytí
he could have spent that moment in prayer
mohl tu chvíli strávit v modlitbě
he had chosen not to eat or drink
rozhodl se nejíst ani pít
he had chosen not to sleep or dream
rozhodl se nespát ani snít
instead, he had obeyed the voice
místo toho poslechl hlas
To obey like this was good
Uposlechnout takhle bylo dobré
it was good not to obey to an external command
bylo dobré neposlouchat vnější příkaz
it was good to obey only the voice
bylo dobré poslouchat jen hlas
to be ready like this was good and necessary
být takto připravený bylo dobré a nutné
there was nothing else that was necessary
nic jiného nebylo potřeba

in the night Siddhartha got to a river
v noci se Siddhártha dostal k řece
he slept in the straw hut of a ferryman
spal ve slaměné chýši převozníka
this night Siddhartha had a dream
této noci měl Siddhártha sen
Govinda was standing in front of him
Govinda stál před ním
he was dressed in the yellow robe of an ascetic
byl oblečen do žlutého roucha askety
Sad was how Govinda looked
Smutné bylo, jak Govinda vypadal
sadly he asked, "Why have you forsaken me?"
smutně se zeptal: "Proč jsi mě opustil?"

Siddhartha embraced Govinda, and wrapped his arms around him
Siddhártha objal Govindu a objal ho rukama
he pulled him close to his chest and kissed him
přitáhl si ho k hrudi a políbil
but it was not Govinda anymore, but a woman
ale už to nebyl Govinda, ale žena
a full breast popped out of the woman's dress
z ženských šatů vykouklo plné prso
Siddhartha lay and drank from the breast
Siddhártha ležel a pil z prsou
sweetly and strongly tasted the milk from this breast
sladce a silně chutnalo mléko z tohoto prsu
It tasted of woman and man
Chutnalo to na ženě a muži
it tasted of sun and forest
chutnalo to sluncem a lesem
it tasted of animal and flower
chutnalo to zvířeně a květinově
it tasted of every fruit and every joyful desire
chutnalo po každém ovoci a každé radostné touze
It intoxicated him and rendered him unconscious
Opilo ho to a upadlo do bezvědomí
Siddhartha woke up from the dream
Siddhártha se probudil ze snu
the pale river shimmered through the door of the hut
bledá řeka se třpytila dveřmi chýše
a dark call of an owl resounded deeply through the forest
temné volání sovy se rozlehlo hluboko lesem
Siddhartha asked the ferryman to get him across the river
Siddhártha požádal převozníka, aby ho přenesl přes řeku
The ferryman got him across the river on his bamboo-raft
Převozník ho převezl přes řeku na svém bambusovém voru
the water shimmered reddish in the light of the morning
voda se v ranním světle červenala
"This is a beautiful river," he said to his companion

"To je nádherná řeka," řekl svému společníkovi
"Yes," said the ferryman, "a very beautiful river"
"Ano," řekl převozník, "velmi krásná řeka"
"I love it more than anything"
"Miluji to víc než cokoli jiného"
"Often I have listened to it"
"Často jsem to poslouchal"
"often I have looked into its eyes"
"často jsem se mu díval do očí"
"and I have always learned from it"
"a vždycky jsem se z toho poučil"
"Much can be learned from a river"
"Od řeky se lze hodně naučit"
"I thank you, my benefactor" spoke Siddhartha
"Děkuji ti, můj dobrodince," řekl Siddhártha
he disembarked on the other side of the river
vystoupil na druhé straně řeky
"I have no gift I could give you for your hospitality, my dear"
"Nemám žádný dar, který bych ti mohl dát za tvou pohostinnost, má drahá."
"and I also have no payment for your work"
"a také nemám žádnou platbu za vaši práci"
"I am a man without a home"
"Jsem muž bez domova"
"I am the son of a Brahman and a Samana"
"Jsem syn Brahmana a Samany"
"I did see it," spoke the ferryman
"Viděl jsem to," řekl převozník
"I did not expect any payment from you"
"Nečekal jsem od vás žádnou platbu"
"it is custom for guests to bear a gift"
"Je zvykem, že hosté nosí dárek"
"but I did not expect this from you either"
"ale tohle jsem od tebe taky nečekal"
"You will give me the gift another time"

"Ten dárek mi dáš jindy"
"Do you think so?" asked Siddhartha, bemusedly
"Myslíš?" zeptal se zmateně Siddhártha
"I am sure of it," replied the ferryman
"Jsem si tím jistý," odpověděl převozník
"This too, I have learned from the river"
"Tohle taky, naučil jsem se od řeky"
"everything that goes comes back!"
"Všechno, co jde, se vrací!"
"You too, Samana, will come back"
"Ty se taky, Samano, vrátíš."
"Now farewell! Let your friendship be my reward"
"Teď sbohem! Vaše přátelství je mou odměnou"
"Commemorate me, when you make offerings to the gods"
"Pamatuj na mě, když obětuješ bohům"
Smiling, they parted from each other
S úsměvem se od sebe oddělili
Smiling, Siddhartha was happy about the friendship
Siddhártha s úsměvem měl z přátelství radost
and he was happy about the kindness of the ferryman
a měl radost z laskavosti převozníka
"He is like Govinda," he thought with a smile
"Je jako Govinda," pomyslel si s úsměvem
"all I meet on my path are like Govinda"
"vše, co potkávám na své cestě, jsou jako Govinda"
"All are thankful for what they have"
"Všichni jsou vděční za to, co mají"
"but they are the ones who would have a right to receive thanks"
"ale oni jsou ti, kteří by měli právo přijímat díky"
"all are submissive and would like to be friends"
"všichni jsou submisivní a chtěli by být přátelé"
"all like to obey and think little"
"všichni rádi poslouchají a málo myslí"
"all people are like children"
"všichni lidé jsou jako děti"

At about noon, he came through a village
Kolem poledne prošel vesnicí
In front of the mud cottages, children were rolling about in the street
Před hliněnými chalupami se po ulici válely děti
they were playing with pumpkin-seeds and sea-shells
hráli si s dýňovými semínky a mořskými mušlemi
they screamed and wrestled with each other
křičeli a zápasili spolu
but they all timidly fled from the unknown Samana
ale všichni nesměle prchali před neznámou Samanou
In the end of the village, the path led through a stream
Na konci vesnice vedla cesta přes potok
by the side of the stream, a young woman was kneeling
na břehu potoka klečela mladá žena
she was washing clothes in the stream
prala prádlo v potoce
When Siddhartha greeted her, she lifted her head
Když ji Siddhártha pozdravil, zvedla hlavu
and she looked up to him with a smile
a vzhlédla k němu s úsměvem
he could see the white in her eyes glistening
viděl, jak se bělmo v jejích očích leskne
He called out a blessing to her
Zavolal na ni požehnání
this was the custom among travellers
takový byl mezi cestovateli zvyk
and he asked how far it was to the large city
a zeptal se, jak je to daleko do velkého města
Then she got up and came to him
Pak vstala a přišla k němu
beautifully her wet mouth was shimmering in her young face
nádherně se její mokrá ústa třpytila v její mladé tváři
She exchanged humorous banter with him

Vyměnila si s ním vtipné žerty
she asked whether he had eaten already
zeptala se, zda už jedl
and she asked curious questions
a kladla zvědavé otázky
"is it true that the Samanas slept alone in the forest at night?"
"Je pravda, že Samany spaly v noci sami v lese?"
"is it true Samanas are not allowed to have women with them"
"je pravda, že Samanas nesmí mít s sebou ženy?"
While talking, she put her left foot on his right one
Při rozhovoru položila svou levou nohu na jeho pravou
the movement of a woman who would want to initiate sexual pleasure
pohyb ženy, která by chtěla iniciovat sexuální rozkoš
the textbooks call this "climbing a tree"
v učebnicích se tomu říká "lézt na strom"
Siddhartha felt his blood heating up
Siddhártha cítil, jak se mu zahřívá krev
he had to think of his dream again
musel znovu myslet na svůj sen
he bend slightly down to the woman
mírně se sklonil k ženě
and he kissed with his lips the brown nipple of her breast
a políbil svými rty hnědou bradavku jejího prsu
Looking up, he saw her face smiling
Vzhlédl a uviděl její úsměv
and her eyes were full of lust
a její oči byly plné chtíče
Siddhartha also felt desire for her
Siddhártha po ní také cítil touhu
he felt the source of his sexuality moving
cítil, jak se zdroj jeho sexuality hýbe
but he had never touched a woman before
ale nikdy předtím se žádné ženy nedotkl
so he hesitated for a moment

tak na chvíli zaváhal
his hands were already prepared to reach out for her
jeho ruce už byly připraveny natáhnout se po ní
but then he heard the voice of his innermost self
ale pak uslyšel hlas svého nejniternějšího já
he shuddered with awe at his voice
otřásl se úžasem nad svým hlasem
and this voice told him no
a tento hlas mu řekl ne
all charms disappeared from the young woman's smiling face
všechna kouzla zmizela z usměvavé tváře mladé ženy
he no longer saw anything else but a damp glance
už neviděl nic jiného než vlhký pohled
all he could see was female animal in heat
jediné, co viděl, byla samice v říji
Politely, he petted her cheek
Zdvořile ji pohladil po tváři
he turned away from her and disappeared away
odvrátil se od ní a zmizel
he left from the disappointed woman with light steps
odešel od zklamané ženy lehkými kroky
and he disappeared into the bamboo-wood
a zmizel v bambusovém dřevě

he reached the large city before the evening
dorazil do velkého města před večerem
and he was happy to have reached the city
a byl šťastný, že se dostal do města
because he felt the need to be among people
protože cítil potřebu být mezi lidmi
or a long time, he had lived in the forests
nebo po dlouhou dobu žil v lesích
for first time in a long time he slept under a roof
poprvé po dlouhé době spal pod střechou
Before the city was a beautifully fenced garden

Před městem byla krásně oplocená zahrada
the traveller came across a small group of servants
cestovatel narazil na malou skupinku sluhů
the servants were carrying baskets of fruit
sluhové nesli koše s ovocem
four servants were carrying an ornamental sedan-chair
čtyři sluhové nesli ozdobné sedanové křeslo
on this chair sat a woman, the mistress
na této židli seděla žena, paní
she was on red pillows under a colourful canopy
byla na červených polštářích pod barevným baldachýnem
Siddhartha stopped at the entrance to the pleasure-garden
Siddhártha se zastavil u vchodu do zahrady potěšení
and he watched the parade go by
a sledoval, jak průvod ubíhá
he saw saw the servants and the maids
viděl viděl služebnictvo a služebné
he saw the baskets and the sedan-chair
viděl koše a sedanovou židli
and he saw the lady on the chair
a uviděl paní na židli
Under her black hair he saw a very delicate face
Pod černými vlasy viděl velmi jemný obličej
a bright red mouth, like a freshly cracked fig
jasně červená ústa, jako čerstvě prasklý fík
eyebrows which were well tended and painted in a high arch
obočí dobře upravené a namalované do vysokého oblouku
they were smart and watchful dark eyes
byly to chytré a bdělé tmavé oči
a clear, tall neck rose from a green and golden garment
ze zeleného a zlatého oděvu se zvedl jasný vysoký krk
her hands were resting, long and thin
její ruce byly dlouhé a tenké
she had wide golden bracelets over her wrists
přes zápěstí měla široké zlaté náramky

Siddhartha saw how beautiful she was, and his heart rejoiced
Siddhártha viděl, jak je krásná, a jeho srdce se zaradovalo
He bowed deeply, when the sedan-chair came closer
Když se sedan přiblížil, hluboce se uklonil
straightening up again, he looked at the fair, charming face
znovu se napřímil a pohlédl na krásnou, okouzlující tvář
he read her smart eyes with the high arcs
přečetl její chytré oči vysokými oblouky
he breathed in a fragrance of something he did not know
vdechl vůni něčeho, co neznal
With a smile, the beautiful woman nodded for a moment
Krásná žena s úsměvem na okamžik přikývla
then she disappeared into the garden
pak zmizela v zahradě
and then the servants disappeared as well
a pak zmizeli i sluhové
"I am entering this city with a charming omen" Siddhartha thought
"Vstupuji do tohoto města s okouzlujícím znamením," pomyslel si Siddhártha
He instantly felt drawn into the garden
Okamžitě se cítil vtažen do zahrady
but he thought about his situation
ale přemýšlel o své situaci
he became aware of how the servants and maids had looked at him
uvědomil si, jak se na něj sluhové a služebné dívali
they thought him despicable, distrustful, and rejected him
považovali ho za opovrženíhodného, nedůvěřivého a odmítali ho
"I am still a Samana" he thought
"Pořád jsem Samana," pomyslel si
"I am still an ascetic and beggar"
"Pořád jsem asketa a žebrák"
"I must not remain like this"

"Nesmím takhle zůstat"
"I will not be able to enter the garden like this," he laughed
"Takhle se do zahrady nedostanu," smál se
he asked the next person who came along the path about the garden
zeptal se další osoby, která přišla po cestě, na zahradu
and he asked for the name of the woman
a zeptal se na jméno té ženy
he was told that this was the garden of Kamala, the famous courtesan
bylo mu řečeno, že je to zahrada Kamaly, slavné kurtizány
and he was told that she also owned a house in the city
a bylo mu řečeno, že také vlastní dům ve městě
Then, he entered the city with a goal
Poté vstoupil do města s cílem
Pursuing his goal, he allowed the city to suck him in
Šel za svým cílem a dovolil městu, aby ho vcuclo
he drifted through the flow of the streets
unášel se proudem ulic
he stood still on the squares in the city
stál na náměstích ve městě
he rested on the stairs of stone by the river
odpočíval na kamenných schodech u řeky
When the evening came, he made friends with a barber's assistant
Když nastal večer, spřátelil se s holičským pomocníkem
he had seen him working in the shade of an arch
viděl ho pracovat ve stínu oblouku
and he found him again praying in a temple of Vishnu
a znovu ho našel, jak se modlí ve Višnuově chrámu
he told about stories of Vishnu and the Lakshmi
vyprávěl o příbězích o Višnuovi a Lakšmích
Among the boats by the river, he slept this night
Tuto noc spal mezi loděmi u řeky
Siddhartha came to him before the first customers came into his shop

Siddhártha k němu přišel dříve, než do jeho obchodu přišli první zákazníci
he had the barber's assistant shave his beard and cut his hair
nechal holičského pomocníka oholit mu vousy a ostříhat vlasy
he combed his hair and anointed it with fine oil
česal si vlasy a pomazal je jemným olejem
Then he went to take his bath in the river
Pak se šel vykoupat do řeky

late in the afternoon, beautiful Kamala approached her garden
pozdě odpoledne se k její zahradě přiblížila krásná Kamala
Siddhartha was standing at the entrance again
Siddhártha opět stál u vchodu
he made a bow and received the courtesan's greeting
uklonil se a přijal pozdrav kurtizány
he got the attention of one of the servant
upoutal pozornost jednoho ze služebníků
he asked him to inform his mistress
požádal ho, aby informoval svou paní
"**a young Brahman wishes to talk to her**"
"Mladý Brahman si s ní přeje mluvit"
After a while, the servant returned
Po chvíli se sluha vrátil
the servant asked Siddhartha to follow him
sluha požádal Siddhártha, aby ho následoval
Siddhartha followed the servant into a pavilion
Siddhártha následoval sluhu do pavilonu
here Kamala was lying on a couch
tady Kamala ležela na pohovce
and the servant left him alone with her
a sluha ho s ní nechal samotného
"**Weren't you also standing out there yesterday, greeting me?**" asked Kamala
"Nestál jsi tam včera taky a nezdravil mě?" zeptala se Kamala
"**It's true that I've already seen and greeted you yesterday**"

"Je pravda, že jsem tě už včera viděl a pozdravil"
"But didn't you yesterday wear a beard, and long hair?"
"Ale neměl jsi včera plnovous a dlouhé vlasy?"
"and was there not dust in your hair?"
"a neměl jsi ve vlasech prach?"
"You have observed well, you have seen everything"
"Dobře jsi pozoroval, viděl jsi všechno"
"You have seen Siddhartha, the son of a Brahman"
„Viděli jste Siddhártha, syna Brahmanu"
"the Brahman who has left his home to become a Samana"
"Brahman, který opustil svůj domov, aby se stal Samanou"
"the Brahman who has been a Samana for three years"
"Brahman, který byl Samana tři roky"
"But now, I have left that path and came into this city"
"Ale teď jsem opustil tuto cestu a přišel do tohoto města"
"and the first one I met, even before I had entered the city, was you"
"A první, koho jsem potkal, ještě předtím, než jsem vstoupil do města, jsi byl ty."
"To say this, I have come to you, oh Kamala!"
"Abych to řekl, přišel jsem k tobě, oh Kamalo!"
"before, Siddhartha addressed all woman with his eyes to the ground"
"předtím Siddhártha oslovil všechny ženy s očima k zemi"
"You are the first woman whom I address otherwise"
"Jsi první žena, kterou oslovuji jinak"
"Never again do I want to turn my eyes to the ground"
"Už nikdy nechci obrátit oči k zemi"
"I won't turn when I'm coming across a beautiful woman"
"Neotočím se, když narazím na krásnou ženu"
Kamala smiled and played with her fan of peacocks' feathers
Kamala se usmála a hrála si se svým vějířem z pavích per
"And only to tell me this, Siddhartha has come to me?"
"A jen abys mi to řekl, Siddhártha za mnou přišel?"
"To tell you this and to thank you for being so beautiful"

"Abych ti to řekl a poděkoval ti za to, že jsi tak krásný"
"I would like to ask you to be my friend and teacher"
"Chtěl bych tě požádat, abys byl mým přítelem a učitelem"
"for I know nothing yet of that art which you have mastered"
"neboť ještě nic nevím o tom umění, které jsi ovládal"
At this, Kamala laughed aloud
Kamala se tomu nahlas zasmála
"Never before this has happened to me, my friend"
"Nikdy předtím se mi to nestalo, příteli."
"a Samana from the forest came to me and wanted to learn from me!"
"Přišel za mnou Samana z lesa a chtěl se ode mě učit!"
"Never before this has happened to me"
"Nikdy předtím se mi to nestalo"
"a Samana came to me with long hair and an old, torn loincloth!"
"Přišla za mnou Samana s dlouhými vlasy a starou, roztrhanou bederní rouškou!"
"Many young men come to me"
"Přichází ke mně mnoho mladých mužů"
"and there are also sons of Brahmans among them"
"a jsou mezi nimi také synové Brahmanů"
"but they come in beautiful clothes"
"ale přicházejí v krásných šatech"
"they come in fine shoes"
"přicházejí v dobrých botách"
"they have perfume in their hair
„Ve vlasech mají parfém
"and they have money in their pouches"
"a mají peníze v taškách"
"This is how the young men are like, who come to me"
"Takoví jsou mladí muži, kteří ke mně přicházejí"
Spoke Siddhartha, "Already I am starting to learn from you"
Řekl Siddhártha: "Už se od tebe začínám učit"
"Even yesterday, I was already learning"
"I včera jsem se už učil"

"I have already taken off my beard"
"Už jsem si sundal vousy"
"I have combed the hair"
"Česal jsem vlasy"
"and I have oil in my hair"
"a mám olej ve vlasech"
"There is little which is still missing in me"
"Je toho málo, co ve mně stále chybí"
"oh excellent one, fine clothes, fine shoes, money in my pouch"
"Oh vynikající, pěkné oblečení, skvělé boty, peníze v mém váčku"
"You shall know Siddhartha has set harder goals for himself"
"Budete vědět, že si Siddhártha stanovil těžší cíle."
"and he has reached these goals"
"a dosáhl těchto cílů"
"How shouldn't I reach that goal?"
"Jak bych toho cíle neměl dosáhnout?"
"the goal which I have set for myself yesterday"
"cíl, který jsem si včera stanovil"
"to be your friend and to learn the joys of love from you"
"být tvým přítelem a učit se od tebe radosti lásky"
"You'll see that I'll learn quickly, Kamala"
"Uvidíš, že se to rychle naučím, Kamalo."
"I have already learned harder things than what you're supposed to teach me"
"Už jsem se naučil těžší věci, než co mě máš naučit."
"And now let's get to it"
"A teď pojďme na to"
"You aren't satisfied with Siddhartha as he is?"
"Nejsi spokojený se Siddhárthou jako on?"
"with oil in his hair, but without clothes"
"s olejem ve vlasech, ale bez oblečení"
"Siddhartha without shoes, without money"
"Siddhártha bez bot, bez peněz"

Laughing, Kamala exclaimed, "No, my dear"
Kamala se smíchem zvolala: "Ne, má drahá"
"he doesn't satisfy me, yet"
"zatím mě neuspokojuje"
"Clothes are what he must have"
"Oblečení je to, co musí mít"
"pretty clothes, and shoes is what he needs"
"Hezké oblečení a boty jsou to, co potřebuje"
"pretty shoes, and lots of money in his pouch"
"krásné boty a hodně peněz v tašce"
"and he must have gifts for Kamala"
"a musí mít dárky pro Kamalu"
"Do you know it now, Samana from the forest?"
"Už to víš, Samano z lesa?"
"Did you mark my words?"
"Označil jsi má slova?"
"Yes, I have marked your words," Siddhartha exclaimed
"Ano, označil jsem tvá slova," zvolal Siddhártha
"How should I not mark words which are coming from such a mouth!"
"Jak bych neměl označit slova, která vycházejí z takových úst!"
"Your mouth is like a freshly cracked fig, Kamala"
"Tvoje ústa jsou jako čerstvě prasklý fík, Kamalo"
"My mouth is red and fresh as well"
"Moje ústa jsou červená a také svěží"
"it will be a suitable match for yours, you'll see"
"bude to pro tebe vhodný zápas, uvidíš"
"But tell me, beautiful Kamala"
"Ale řekni mi, krásná Kamalo"
"aren't you at all afraid of the Samana from the forest""
"Vůbec se nebojíš Samany z lesa"
"the Samana who has come to learn how to make love"
"Samana, která se přišla naučit, jak se milovat"
"Whatever for should I be afraid of a Samana?"
"Kvůli čemu bych se měl bát Samany?"
"a stupid Samana from the forest"

"hloupá Samana z lesa"
"a Samana who is coming from the jackals"
"Samana, který přichází od šakalů"
"a Samana who doesn't even know yet what women are?"
"Samana, která ještě ani neví, co jsou ženy?"
"Oh, he's strong, the Samana"
"Ach, on je silný, Samana"
"and he isn't afraid of anything"
"a ničeho se nebojí"
"He could force you, beautiful girl"
"Mohl by tě donutit, krásná dívko"
"He could kidnap you and hurt you"
"Mohl by tě unést a ublížit ti"
"No, Samana, I am not afraid of this"
"Ne, Samano, toho se nebojím."
"Did any Samana or Brahman ever fear someone might come and grab him?"
"Bál se někdy nějaký Samana nebo Brahman, že by ho mohl někdo přijít a popadnout?"
"could he fear someone steals his learning?
„Mohl se bát, že mu někdo ukradne učení?
"could anyone take his religious devotion"
"mohl by někdo vzít jeho náboženskou oddanost"
"is it possible to take his depth of thought?
„Je možné zachytit jeho hloubku myšlení?
"No, because these things are his very own"
"Ne, protože tyhle věci jsou jeho vlastní."
"he would only give away the knowledge he is willing to give"
"rozdal by jen znalosti, které je ochoten dát"
"he would only give to those he is willing to give to"
"dal by jen těm, kterým je ochoten dát"
"precisely like this it is also with Kamala"
"přesně tak je to i s Kamalou"
"and it is the same way with the pleasures of love"
"a stejné je to s rozkoší lásky"

"Beautiful and red is Kamala's mouth," answered Siddhartha
"Krásná a rudá jsou ústa Kamaly," odpověděl Siddhártha
"but don't try to kiss it against Kamala's will"
"ale nesnaž se to políbit proti Kamalině vůli"
"because you will not obtain a single drop of sweetness from it"
"protože z toho nedostaneš ani kapku sladkosti"
"You are learning easily, Siddhartha"
"Učíš se snadno, Siddhárto"
"you should also learn this"
"tohle by ses měl taky naučit"
"love can be obtained by begging, buying"
"lásku lze získat žebráním, koupí"
"you can receive it as a gift"
"můžete to dostat jako dárek"
"or you can find it in the street"
"nebo to najdeš na ulici"
"but love cannot be stolen"
"ale láska se nedá ukrást"
"In this, you have come up with the wrong path"
"V tomhle jsi přišel na špatnou cestu"
"it would be a pity if you would want to tackle love in such a wrong manner"
"Byla by škoda, kdybyste chtěli řešit lásku tak špatným způsobem"
Siddhartha bowed with a smile
Siddhártha se s úsměvem uklonil
"It would be a pity, Kamala, you are so right"
"Byla by to škoda, Kamalo, máš tak pravdu."
"It would be such a great pity"
"Byla by to velká škoda"
"No, I shall not lose a single drop of sweetness from your mouth"
"Ne, neztratím ani kapku sladkosti z tvých úst."
"nor shall you lose sweetness from my mouth"
"ani neztratíš sladkost z mých úst"

"So it is agreed. Siddhartha will return"
"Takže je to dohodnuto. Siddhártha se vrátí."
"Siddhartha will return once he has what he still lacks"
"Siddhártha se vrátí, jakmile bude mít to, co mu ještě chybí."
"he will come back with clothes, shoes, and money"
"vrátí se s oblečením, botami a penězi"
"But speak, lovely Kamala, couldn't you still give me one small advice?"
"Ale mluv, milá Kamalo, nemohla bys mi ještě dát jednu malou radu?"
"Give you an advice? Why not?"
"Dám ti radu? Proč ne?"
"Who wouldn't like to give advice to a poor, ignorant Samana?"
"Kdo by nechtěl radit ubohé, ignorantské Samaně?"
"Dear Kamala, where I should go to find these three things most quickly?"
"Drahá Kamalo, kam bych měl jít, abych ty tři věci co nejrychleji našel?"
"Friend, many would like to know this"
"Příteli, mnozí by to rádi věděli"
"You must do what you've learned and ask for money"
"Musíte dělat to, co jste se naučili, a žádat o peníze."
"There is no other way for a poor man to obtain money"
"Neexistuje žádný jiný způsob, jak pro chudého muže získat peníze"
"What might you be able to do?"
"Co bys mohl dělat?"
"I can think. I can wait. I can fast" said Siddhartha
"Můžu myslet. Můžu čekat. Můžu se postit," řekl Siddhártha
"Nothing else?" asked Kamala
"Nic jiného?" zeptala se Kamala
"yes, I can also write poetry"
"Ano, umím také psát poezii"
"Would you like to give me a kiss for a poem?"
"Chtěl bys mi dát pusu za básničku?"

"I would like to, if I like your poem"
"Rád bych, pokud se mi líbí tvoje báseň"
"What would be its title?"
"Jaký by byl její název?"
Siddhartha spoke, after he had thought about it for a moment
Siddhártha promluvil poté, co o tom chvíli přemýšlel
"Into her shady garden stepped the pretty Kamala"
"Do její stinné zahrady vstoupila hezká Kamala"
"At the garden's entrance stood the brown Samana"
"U vchodu do zahrady stála hnědá Samana"
"Deeply, seeing the lotus's blossom, Bowed that man"
"Hluboko, když jsem viděl květ lotosu, uklonil se ten muž"
"and smiling, Kamala thanked him"
"a s úsměvem mu Kamala poděkovala"
"More lovely, thought the young man, than offerings for gods"
"Krásnější, pomyslel si mladý muž, než oběti pro bohy."
Kamala clapped her hands so loud that the golden bracelets clanged
Kamala zatleskala rukama tak hlasitě, že zlaté náramky cinkaly
"Beautiful are your verses, oh brown Samana"
"Krásné jsou tvé verše, oh hnědá Samano"
"and truly, I'm losing nothing when I'm giving you a kiss for them"
"A opravdu, nic neztrácím, když ti za ně dávám pusu"
She beckoned him with her eyes
Kývla na něj očima
he tilted his head so that his face touched hers
naklonil hlavu tak, aby se jeho tvář dotkla její
and he placed his mouth on her mouth
a položil svá ústa na její ústa
the mouth which was like a freshly cracked fig
ústa, která byla jako čerstvě prasklý fík
For a long time, Kamala kissed him

Kamala ho dlouho políbila
and with a deep astonishment Siddhartha felt how she taught him
as hlubokým úžasem Siddhártha cítil, jak ho učila
he felt how wise she was
cítil, jak je moudrá
he felt how she controlled him
cítil, jak ho ovládá
he felt how she rejected him
cítil, jak ho odmítla
he felt how she lured him
cítil, jak ho láká
and he felt how there were to be more kisses
a cítil, jak by mělo být více polibků
every kiss was different from the others
každý polibek byl jiný než ostatní
he was still, when he received the kisses
byl nehybný, když přijímal polibky
Breathing deeply, he remained standing where he was
Zhluboka se nadechl a zůstal stát na místě
he was astonished like a child about the things worth learning
byl jako dítě ohromen věcmi, které stojí za to se naučit
the knowledge revealed itself before his eyes
poznání se mu zjevilo před očima
"Very beautiful are your verses" exclaimed Kamala
"Vaše verše jsou velmi krásné," zvolal Kamala
"if I were rich, I would give you pieces of gold for them"
"Kdybych byl bohatý, dal bych ti za ně kousky zlata"
"But it will be difficult for you to earn enough money with verses"
"Ale bude pro tebe těžké vydělat dost peněz s verši"
"because you need a lot of money, if you want to be Kamala's friend"
"protože potřebuješ hodně peněz, chceš-li být kamarád Kamaly"

"The way you're able to kiss, Kamala!" stammered Siddhartha
"Způsob, jakým se umíš líbat, Kamalo!" koktal Siddhártha
"Yes, this I am able to do"
"Ano, to jsem schopen udělat"
"therefore I do not lack clothes, shoes, bracelets"
"proto mi nechybí oblečení, boty, náramky"
"I have all the beautiful things"
"Mám všechny krásné věci"
"But what will become of you?"
"Ale co s tebou bude?"
"Aren't you able to do anything else?"
"Nic jiného neumíš?"
"can you do more than think, fast, and make poetry?"
"Dokážeš víc než myslet, rychle a tvořit poezii?"
"I also know the sacrificial songs" said Siddhartha
"Znám také obětní písně," řekl Siddhártha
"but I do not want to sing those songs anymore"
"ale já už nechci zpívat ty písně"
"I also know how to make magic spells"
"Také vím, jak dělat kouzelná kouzla"
"but I do not want to speak them anymore"
"ale já už s nimi nechci mluvit"
"I have read the scriptures"
"Četl jsem písma"
"Stop!" Kamala interrupted him
"Zastávka!" Kamala ho přerušila
"You're able to read and write?"
"Umíš číst a psát?"
"Certainly, I can do this, many people can"
"Jistě, zvládnu to já, dokáže to mnoho lidí."
"Most people can't," Kamala replied
"Většina lidí nemůže," odpověděla Kamala
"I am also one of those who can't do it"
"Jsem také jeden z těch, kteří to neumí"
"It is very good that you're able to read and write"

"Je velmi dobré, že umíš číst a psát"
"you will also find use for the magic spells"
"najdete také využití pro magická kouzla"
In this moment, a maid came running in
V tu chvíli přiběhla pokojská
she whispered a message into her mistress's ear
zašeptala do ucha své paní zprávu
"There's a visitor for me" exclaimed Kamala
"Je tu pro mě návštěva," zvolala Kamala
"Hurry and get yourself away, Siddhartha"
"Pospěš si a jdi pryč, Siddhártho"
"nobody may see you in here, remember this!"
"Nikdo tě tady nesmí vidět, pamatuj si to!"
"Tomorrow, I'll see you again"
"Zítra se zase uvidíme"
Kamala ordered her maid to give Siddhartha white garments
Kamala nařídila své služebné, aby dala Siddhárthovi bílé šaty
and then Siddhartha found himself being dragged away by the maid
a pak Siddhártha zjistil, že ho služebná odvlekla pryč
he was brought into a garden-house out of sight of any paths
byl přiveden do zahradního domku mimo dohled jakýchkoli cest
then he was led into the bushes of the garden
pak byl odveden do křoví zahrady
he was urged to get himself out of the garden as soon as possible
byl vyzván, aby co nejdříve odešel ze zahrady
and he was told he must not be seen
a bylo mu řečeno, že nesmí být viděn
he did as he had been told
udělal, jak mu bylo řečeno
he was accustomed to the forest
byl zvyklý na les
so he managed to get out without making a sound
takže se mu podařilo dostat ven, aniž by vydal zvuk

he returned to the city carrying the rolled up garments under his arm
vrátil se do města s vyhrnutými šaty pod paží
At the inn, where travellers stay, he positioned himself by the door
V hostinci, kde přebývají cestovatelé, se postavil ke dveřím
without words he asked for food
beze slov požádal o jídlo
without a word he accepted a piece of rice-cake
beze slova přijal kousek rýžového koláče
he thought about how he had always begged
myslel na to, jak vždycky prosil
"Perhaps as soon as tomorrow I will ask no one for food anymore"
"Možná, že zítra už nebudu nikoho žádat o jídlo."
Suddenly, pride flared up in him
Najednou v něm vzplanula hrdost
He was no Samana any more
Už nebyl Samanou
it was no longer appropriate for him to beg for food
už se mu neslušelo žebrat o jídlo
he gave the rice-cake to a dog
dal rýžový koláč psovi
and that night he remained without food
a tu noc zůstal bez jídla
Siddhartha thought to himself about the city
Siddhártha přemýšlel o městě
"Simple is the life which people lead in this world"
"Jednoduchý je život, který lidé vedou v tomto světě"
"this life presents no difficulties"
"tento život nepředstavuje žádné potíže"
"Everything was difficult and toilsome when I was a Samana"
"Všechno bylo těžké a namáhavé, když jsem byl Samana"
"as a Samana everything was hopeless"

"jako Samana bylo všechno beznadějné"
"but now everything is easy"
"ale teď je všechno snadné"
"it is easy like the lesson in kissing from Kamala"
"Je to snadné jako lekce líbání od Kamaly"
"I need clothes and money, nothing else"
"Potřebuji oblečení a peníze, nic jiného"
"these goals are small and achievable"
"tyto cíle jsou malé a dosažitelné"
"such goals won't make a person lose any sleep"
"Takové cíle nepřinutí člověka ztrácet spánek"

the next day he returned to Kamala's house
další den se vrátil do Kamalina domu
"Things are working out well" she called out to him
"Věci fungují dobře," zavolala na něj
"They are expecting you at Kamaswami's"
"Očekávají tě u Kamaswamiho"
"he is the richest merchant of the city"
"je nejbohatším obchodníkem města"
"If he likes you, he'll accept you into his service"
"Pokud tě má rád, přijme tě do svých služeb."
"but you must be smart, brown Samana"
"ale ty musíš být chytrá, hnědá Samano"
"I had others tell him about you"
"Nechal jsem mu o tobě říct ostatní"
"Be polite towards him, he is very powerful"
"Buď k němu zdvořilý, je velmi mocný."
"But I warn you, don't be too modest!"
"Ale varuji tě, nebuď příliš skromný!"
"I do not want you to become his servant"
"Nechci, aby ses stal jeho služebníkem"
"you shall become his equal"
"Stanete se mu rovným"
"or else I won't be satisfied with you"
"jinak s tebou nebudu spokojen"

"Kamaswami is starting to get old and lazy"
"Kamaswami začíná být starý a líný"
"If he likes you, he'll entrust you with a lot"
"Pokud tě má rád, svěří ti toho hodně."
Siddhartha thanked her and laughed
Siddhártha jí poděkoval a zasmál se
she found out that he had not eaten
zjistila, že nejedl
so she sent him bread and fruits
tak mu poslala chléb a ovoce
"You've been lucky" she said when they parted
"Měl jsi štěstí," řekla, když se rozešli
"I'm opening one door after another for you"
"Otevírám ti jedny dveře za druhými"
"How come? Do you have a spell?"
"Jak to? Máš kouzlo?"
"I told you I knew how to think, to wait, and to fast"
"Řekl jsem ti, že vím, jak myslet, čekat a postit se"
"but you thought this was of no use"
"ale myslel sis, že to k ničemu není"
"But it is useful for many things"
"Ale je to užitečné pro mnoho věcí"
"Kamala, you'll see that the stupid Samanas are good at learning"
"Kamalo, uvidíš, že ty hloupé Samany jsou dobré v učení."
"you'll see they are able to do many pretty things in the forest"
"uvidíte, že dokážou v lese dělat spoustu pěkných věcí"
"things which the likes of you aren't capable of"
"věci, kterých ti jako vy nejsou schopni"
"The day before yesterday, I was still a shaggy beggar"
"Předevčírem jsem byl ještě chundelatý žebrák"
"as recently as yesterday I have kissed Kamala"
"ještě včera jsem políbil Kamalu"
"and soon I'll be a merchant and have money"
"a brzy budu obchodník a budu mít peníze"

"and I'll have all those things you insist upon"
"a budu mít všechny ty věci, na kterých trváš"
"Well yes," she admitted, "but where would you be without me?"
"No ano," připustila, "ale kde bys byl beze mě?"
"What would you be, if Kamala wasn't helping you?"
"Čím bys byl, kdyby ti nepomáhala Kamala?"
"Dear Kamala" said Siddhartha
"Drahá Kamalo," řekl Siddhártha
and he straightened up to his full height
a napřímil se do své plné výšky
"when I came to you into your garden, I did the first step"
"Když jsem k tobě přišel do tvé zahrady, udělal jsem první krok"
"It was my resolution to learn love from this most beautiful woman"
"Bylo mým předsevzetím naučit se lásce od této nejkrásnější ženy"
"that moment I had made this resolution"
"v tu chvíli jsem si dal toto předsevzetí"
"and I knew I would carry it out"
"a věděl jsem, že to provedu"
"I knew that you would help me"
"Věděl jsem, že mi pomůžeš"
"at your first glance at the entrance of the garden I already knew it"
"Už při prvním pohledu na vchod do zahrady jsem to věděl"
"But what if I hadn't been willing?" asked Kamala
"Ale co kdybych nebyl ochoten?" zeptala se Kamala
"You were willing" replied Siddhartha
"Byl jsi ochotný," odpověděl Siddhártha
"When you throw a rock into water, it takes the fastest course to the bottom"
"Když hodíš kámen do vody, dostane se ke dnu nejrychleji."
"This is how it is when Siddhartha has a goal"
"Takhle to je, když má Siddhártha cíl"

- 115 -

"**Siddhartha does nothing; he waits, he thinks, he fasts**"
"Siddhártha nedělá nic; čeká, myslí, postí se"
"**but he passes through the things of the world like a rock through water**"
"ale prochází věcmi světa jako skála vodou"
"**he passed through the water without doing anything**"
"prošel vodou, aniž by cokoli udělal"
"**he is drawn to the bottom of the water**"
"je přitahován ke dnu vody"
"**he lets himself fall to the bottom of the water**"
"nechá se spadnout na dno vody"
"**His goal attracts him towards it**"
"Jeho cíl ho k tomu přitahuje"
"**he doesn't let anything enter his soul which might oppose the goal**"
"nenechá vstoupit do své duše nic, co by mohlo být v rozporu s cílem"
"**This is what Siddhartha has learned among the Samanas**"
„Toto se Siddhártha naučil mezi Samany"
"**This is what fools call magic**"
"Tomuhle blázni říkají magie"
"**they think it is done by daemons**"
"Myslí si, že to dělají démoni"
"**but nothing is done by daemons**"
"ale nic nedělají démoni"
"**there are no daemons in this world**"
"na tomto světě nejsou žádní démoni"
"**Everyone can perform magic, should they choose to**"
"Každý může provádět magii, pokud se tak rozhodne"
"**everyone can reach his goals if he is able to think**"
"každý může dosáhnout svých cílů, pokud je schopen myslet"
"**everyone can reach his goals if he is able to wait**"
"každý může dosáhnout svých cílů, pokud je schopen čekat"
"**everyone can reach his goals if he is able to fast**"
"každý může dosáhnout svých cílů, pokud je schopen se postit"

Kamala listened to him; she loved his voice
Kamala ho poslouchala; milovala jeho hlas
she loved the look from his eyes
milovala pohled jeho očí
"Perhaps it is as you say, friend"
"Možná je to tak, jak říkáš, příteli."
"But perhaps there is another explanation"
"Ale možná existuje jiné vysvětlení"
"Siddhartha is a handsome man"
"Siddhártha je pohledný muž"
"his glance pleases the women"
"jeho pohled potěší ženy"
"good fortune comes towards him because of this"
"Štěstí k němu přichází kvůli tomu"
With one kiss, Siddhartha bid his farewell
Jedním polibkem se Siddhártha rozloučil
"I wish that it should be this way, my teacher"
"Přeji si, aby to tak bylo, můj učiteli"
"I wish that my glance shall please you"
"Přeji si, aby tě můj pohled potěšil"
"I wish that that you always bring me good fortune"
"Přeji si, abys mi vždy přinesl štěstí"

With the Childlike People
S Dětskými Lidmi

Siddhartha went to Kamaswami the merchant
Siddhártha šel za obchodníkem Kamaswamim
he was directed into a rich house
byl nasměrován do bohatého domu
servants led him between precious carpets into a chamber
sluhové ho vedli mezi drahocennými koberci do komory
in the chamber was where he awaited the master of the house
v komnatě čekal na pána domu
Kamaswami entered swiftly into the room
Kamaswami rychle vstoupil do místnosti
he was a smoothly moving man
byl to plynule se pohybující muž
he had very gray hair and very intelligent, cautious eyes
měl velmi šedivé vlasy a velmi inteligentní, opatrné oči
and he had a greedy mouth
a měl chamtivá ústa
Politely, the host and the guest greeted one another
Hostitel a host se zdvořile pozdravili
"I have been told that you were a Brahman" the merchant began
"Bylo mi řečeno, že jsi Brahman," začal obchodník
"I have been told that you are a learned man"
"Bylo mi řečeno, že jsi učený muž."
"and I have also been told something else"
"a také mi bylo řečeno něco jiného"
"you seek to be in the service of a merchant"
"chceš být ve službách obchodníka"
"Might you have become destitute, Brahman, so that you seek to serve?"
"Mohl jsi strádat, Brahmane, takže se snažíš sloužit?"
"No," said Siddhartha, "I have not become destitute"
"Ne," řekl Siddhártha, "nezchudl jsem"

"nor have I ever been destitute" added Siddhartha
"Ani jsem nikdy nebyl opuštěný," dodal Siddhártha
"You should know that I'm coming from the Samanas"
"Měl bys vědět, že přicházím ze Samanas"
"I have lived with them for a long time"
"Žil jsem s nimi dlouho"
"you are coming from the Samanas"
"přicházíš ze Samanas"
"how could you be anything but destitute?"
"Jak můžeš být něco jiného než strádající?"
"Aren't the Samanas entirely without possessions?"
"Copak nejsou Samany úplně bez majetku?"
"I am without possessions, if that is what you mean" said Siddhartha
"Jsem bez majetku, jestli to myslíš," řekl Siddhártha
"But I am without possessions voluntarily"
"Ale já jsem bez majetku dobrovolně"
"and therefore I am not destitute"
"a proto nejsem nemajetný"
"But what are you planning to live from, being without possessions?"
"Ale z čeho chceš žít, být bez majetku?"
"I haven't thought of this yet, sir"
"To mě ještě nenapadlo, pane."
"For more than three years, I have been without possessions"
"Více než tři roky jsem bez majetku"
"and I have never thought about of what I should live"
"a nikdy jsem nepřemýšlel o tom, co bych měl žít"
"So you've lived of the possessions of others"
"Takže jsi žil z majetku jiných"
"Presumable, this is how it is?"
"Pravděpodobně, takhle to je?"
"Well, merchants also live of what other people own"
"No, obchodníci také žijí z toho, co vlastní ostatní."
"Well said," granted the merchant
"Dobře řečeno," souhlasil obchodník

"But he wouldn't take anything from another person for nothing"
"Ale nevzal by nic od jiného člověka za nic"
"he would give his merchandise in return" said Kamaswami
"Na oplátku by dal své zboží," řekl Kamaswami
"So it seems to be indeed"
"Tak se zdá, že je to opravdu"
"Everyone takes, everyone gives, such is life"
"Každý bere, každý dává, takový je život"
"But if you don't mind me asking, I have a question"
"Ale jestli ti nevadí, že se ptám, mám otázku"
"being without possessions, what would you like to give?"
"Být bez majetku, co bys chtěl dát?"
"Everyone gives what he has"
"Každý dává, co má"
"The warrior gives strength"
"Bojovník dává sílu"
"the merchant gives merchandise"
"obchodník dává zboží"
"the teacher gives teachings"
"učitel učí"
"the farmer gives rice"
"farmář dává rýži"
"the fisher gives fish"
"rybář dává rybu"
"Yes indeed. And what is it that you've got to give?"
"Ano. A co je to, co musíš dát?"
"What is it that you've learned?"
"Co jste se naučil?"
"what you're able to do?"
"co umíš?"
"I can think. I can wait. I can fast"
"Můžu myslet. Můžu čekat. Můžu se postit."
"That's everything?" asked Kamaswami
"To je všechno?" zeptal se Kamaswami
"I believe that is everything there is!"

"Věřím, že to je všechno!"
"And what's the use of that?"
"A k čemu to je?"
"For example; fasting. What is it good for?"
"Například půst. K čemu je dobrý?"
"It is very good, sir"
"Je to velmi dobré, pane"
"there are times a person has nothing to eat"
"Jsou chvíle, kdy člověk nemá co jíst"
"then fasting is the smartest thing he can do"
"pak je půst to nejchytřejší, co může udělat"
"there was a time where Siddhartha hadn't learned to fast"
"Byly doby, kdy se Siddhártha nenaučil postit"
"in this time he had to accept any kind of service"
"v této době musel přijmout jakoukoli službu"
"because hunger would force him to accept the service"
"protože hlad by ho donutil přijmout službu"
"But like this, Siddhartha can wait calmly"
"Ale takhle může Siddhártha klidně čekat."
"he knows no impatience, he knows no emergency"
"Nezná netrpělivost, nezná žádnou nouzi"
"for a long time he can allow hunger to besiege him"
"Po dlouhou dobu může dovolit hladu, aby ho oblehl"
"and he can laugh about the hunger"
"a umí se smát hladu"
"This, sir, is what fasting is good for"
"K tomu, pane, je dobrý půst."
"You're right, Samana" acknowledged Kamaswami
"Máš pravdu, Samano," uznal Kamaswami
"Wait for a moment" he asked of his guest
"Počkej chvíli," zeptal se svého hosta
Kamaswami left the room and returned with a scroll
Kamaswami opustil místnost a vrátil se se svitkem
he handed Siddhartha the scroll and asked him to read it
podal Siddhárthovi svitek a požádal ho, aby si ho přečetl
Siddhartha looked at the scroll handed to him

Siddhártha se podíval na svitek, který mu podal
on the scroll a sales-contract had been written
na svitku byla napsána kupní smlouva
he began to read out the scroll's contents
začal číst obsah svitku
Kamaswami was very pleased with Siddhartha
Kamaswami byl se Siddhárthou velmi spokojený
"would you write something for me on this piece of paper?"
"napsal bys mi něco na tento papír?"
He handed him a piece of paper and a pen
Podal mu kus papíru a pero
Siddhartha wrote, and returned the paper
Siddhártha napsal a vrátil papír
Kamaswami read, "Writing is good, thinking is better"
Kamaswami četl: „Psaní je dobré, myšlení je lepší"
"Being smart is good, being patient is better"
"Být chytrý je dobré, být trpělivý je lepší"
"It is excellent how you're able to write" the merchant praised him
"Je skvělé, jak umíš psát," pochválil ho obchodník
"Many a thing we will still have to discuss with one another"
"Mnoho věcí, o kterých budeme muset spolu ještě diskutovat"
"For today, I'm asking you to be my guest"
"Pro dnešek tě žádám, abys byl mým hostem"
"please come to live in this house"
"přijď prosím bydlet do tohoto domu"
Siddhartha thanked Kamaswami and accepted his offer
Siddhártha poděkoval Kamaswamimu a přijal jeho nabídku
he lived in the dealer's house from now on
od nynějška bydlel v dealerově domě
Clothes were brought to him, and shoes
Přinesli mu šaty a boty
and every day, a servant prepared a bath for him
a každý den mu sluha připravoval koupel

Twice a day, a plentiful meal was served

Dvakrát denně se podávalo vydatné jídlo
but Siddhartha only ate once a day
ale Siddhártha jedl jen jednou denně
and he ate neither meat, nor did he drink wine
a nejedl masa ani nepil víno
Kamaswami told him about his trade
Kamaswami mu řekl o svém řemesle
he showed him the merchandise and storage-rooms
ukázal mu zboží a skladovací prostory
he showed him how the calculations were done
ukázal mu, jak se provádějí výpočty
Siddhartha got to know many new things
Siddhártha poznal mnoho nových věcí
he heard a lot and spoke little
hodně slyšel a málo mluvil
but he did not forget Kamala's words
ale nezapomněl na slova Kamaly
so he was never subservient to the merchant
takže nikdy nepodléhal obchodníkovi
he forced him to treat him as an equal
donutil ho, aby s ním jednal jako se sobě rovným
perhaps he forced him to treat him as even more than an equal
možná ho přinutil, aby s ním zacházel jako ještě víc než se sobě rovným
Kamaswami conducted his business with care
Kamaswami vedl své podnikání opatrně
and he was very passionate about his business
a byl velmi zapálený pro své podnikání
but Siddhartha looked upon all of this as if it was a game
ale Siddhártha se na to všechno díval, jako by to byla hra
he tried hard to learn the rules of the game precisely
usilovně se snažil přesně naučit pravidla hry
but the contents of the game did not touch his heart
ale obsah hry ho nechytl za srdce
He had not been in Kamaswami's house for long

Nebyl v Kamaswamiho domě dlouho
but soon he took part in his landlord's business
ale brzy se účastnil obchodu svého hospodáře

every day he visited beautiful Kamala
každý den navštívil krásnou Kamalu
Kamala had an hour appointed for their meetings
Kamala měla na jejich setkání stanovenou hodinu
she was wearing pretty clothes and fine shoes
měla na sobě krásné šaty a pěkné boty
and soon he brought her gifts as well
a brzy jí přinesl i dárky
Much he learned from her red, smart mouth
Mnohé se naučil z jejích červených, chytrých úst
Much he learned from her tender, supple hand
Mnoho se naučil z její něžné, pružné ruky
regarding love, Siddhartha was still a boy
pokud jde o lásku, Siddhártha byl ještě chlapec
and he had a tendency to plunge into love blindly
a měl tendenci se slepě vrhat do lásky
he fell into lust like into a bottomless pit
upadl do chtíče jako do bezedné jámy
she taught him thoroughly, starting with the basics
učila ho důkladně, počínaje základy
pleasure cannot be taken without giving pleasure
potěšení nemůže být přijato bez poskytnutí potěšení
every gesture, every caress, every touch, every look
každé gesto, každé pohlazení, každý dotek, každý pohled
every spot of the body, however small it was, had its secret
každé místo na těle, jakkoli bylo malé, mělo své tajemství
the secrets would bring happiness to those who know them
tajemství přinese štěstí těm, kdo je znají
lovers must not part from one another after celebrating love
milenci se po oslavě lásky nesmí od sebe odloučit
they must not part without one admiring the other
nesmí se rozejít, aniž by jeden obdivoval druhého

they must be as defeated as they have been victorious
musí být stejně poraženi, jako zvítězili
neither lover should start feeling fed up or bored
žádný milenec by se neměl začít cítit otrávený nebo znuděný
they should not get the evil feeling of having been abusive
neměli by mít zlý pocit, že byli urážliví
and they should not feel like they have been abused
a neměli by mít pocit, že byli zneužiti
Wonderful hours he spent with the beautiful and smart artist
Nádherné hodiny strávené s krásnou a chytrou umělkyní
he became her student, her lover, her friend
stal se jejím studentem, jejím milencem, jejím přítelem
Here with Kamala was the worth and purpose of his present life
Tady s Kamalou byla hodnota a smysl jeho současného života
his purpose was not with the business of Kamaswami
jeho záměrem nebyly záležitosti Kamaswamiho

Siddhartha received important letters and contracts
Siddhártha obdržel důležité dopisy a smlouvy
Kamaswami began discussing all important affairs with him
Kamaswami s ním začal probírat všechny důležité záležitosti
He soon saw that Siddhartha knew little about rice and wool
Brzy viděl, že Siddhártha ví jen málo o rýži a vlně
but he saw that he acted in a fortunate manner
ale viděl, že jednal šťastně
and Siddhartha surpassed him in calmness and equanimity
a Siddhártha ho předčil v klidu a vyrovnanosti
he surpassed him in the art of understanding previously unknown people
předčil ho v umění porozumět dříve neznámým lidem
Kamaswami spoke about Siddhartha to a friend
Kamaswami mluvil o Siddhárthovi příteli
"This Brahman is no proper merchant"
"Tento Brahman není správný obchodník"

"he will never be a merchant"
"nikdy z něj nebude obchodník"
"for business there is never any passion in his soul"
"pro podnikání není v jeho duši nikdy žádná vášeň"
"But he has a mysterious quality about him"
"Ale má v sobě tajemnou vlastnost"
"this quality brings success about all by itself"
"tato kvalita přináší úspěch sama o sobě"
"it could be from a good Star of his birth"
"mohlo by to být od dobré hvězdy jeho narození"
"or it could be something he has learned among Samanas"
"nebo by to mohlo být něco, co se naučil mezi Samanas"
"He always seems to be merely playing with our business-affairs"
"Vždy se zdá, že si jen hraje s našimi obchodními záležitostmi."
"his business never fully becomes a part of him"
"jeho podnikání se nikdy plně nestane jeho součástí"
"his business never rules over him"
"jeho věc nad ním nikdy nevládne"
"he is never afraid of failure"
"nikdy se nebojí selhání"
"he is never upset by a loss"
"nikdy ho nerozčiluje ztráta"
The friend advised the merchant
Kamarád poradil obchodníkovi
"Give him a third of the profits he makes for you"
"Dejte mu třetinu zisku, který pro vás vydělá."
"but let him also be liable when there are losses"
"ale ať je také odpovědný, když dojde ke ztrátám"
"Then, he'll become more zealous"
"Pak bude horlivější"
Kamaswami was curious, and followed the advice
Kamaswami byl zvědavý a řídil se radou
But Siddhartha cared little about loses or profits
Ale Siddhártha se málo staral o ztráty nebo zisky

When he made a profit, he accepted it with equanimity
Když dosáhl zisku, přijal to s klidem
when he made losses, he laughed it off
když prohrával, smál se tomu
It seemed indeed, as if he did not care about the business
Opravdu to vypadalo, jako by se o obchod nestaral
At one time, he travelled to a village
Jednou cestoval do vesnice
he went there to buy a large harvest of rice
šel tam koupit velkou úrodu rýže
But when he got there, the rice had already been sold
Ale když tam dorazil, rýže už byla prodaná
another merchant had gotten to the village before him
před ním se do vesnice dostal jiný obchodník
Nevertheless, Siddhartha stayed for several days in that village
Přesto Siddhártha zůstal v této vesnici několik dní
he treated the farmers for a drink
pohostil farmáře drinkem
he gave copper-coins to their children
dal jejich dětem měděné mince
he joined in the celebration of a wedding
připojil se k oslavě svatby
and he returned extremely satisfied from his trip
a ze své cesty se vrátil maximálně spokojený
Kamaswami was angry that Siddhartha had wasted time and money
Kamaswami byl naštvaný, že Siddhártha promarnil čas a peníze
Siddhartha answered "Stop scolding, dear friend!"
Siddhártha odpověděl: "Přestaň nadávat, drahý příteli!"
"Nothing was ever achieved by scolding"
"Nic nebylo nikdy dosaženo napomínáním"
"If a loss has occurred, let me bear that loss"
"Pokud došlo ke ztrátě, nech mě nést tuto ztrátu"
"I am very satisfied with this trip"

„S tímto zájezdem jsem velmi spokojen"
"I have gotten to know many kinds of people"
"Poznal jsem mnoho druhů lidí"
"a Brahman has become my friend"
"Brahman se stal mým přítelem"
"children have sat on my knees"
"děti mi seděly na kolenou"
"farmers have shown me their fields"
"farmáři mi ukázali svá pole"
"nobody knew that I was a merchant"
"nikdo nevěděl, že jsem obchodník"
"That's all very nice," exclaimed Kamaswami indignantly
"To je všechno moc hezké," zvolal Kamaswami rozhořčeně
"but in fact, you are a merchant after all"
"ale ve skutečnosti jsi přece obchodník"
"Or did you have only travel for your amusement?"
"Nebo jste cestovali jen pro své pobavení?"
"of course I have travelled for my amusement" Siddhartha laughed
"Samozřejmě jsem cestoval pro své pobavení," zasmál se Siddhártha
"For what else would I have travelled?"
"Za co jiného bych cestoval?"
"I have gotten to know people and places"
"Poznal jsem lidi a místa"
"I have received kindness and trust"
"Dostal jsem laskavost a důvěru"
"I have found friendships in this village"
"Našel jsem přátelství v této vesnici"
"if I had been Kamaswami, I would have travelled back annoyed"
"Kdybych byl Kamaswami, cestoval bych zpět naštvaný"
"I would have been in hurry as soon as my purchase failed"
"Pospíchal bych, jakmile by se můj nákup nezdařil"
"and time and money would indeed have been lost"
"a čas a peníze by byly skutečně ztraceny"

"But like this, I've had a few good days"
"Ale takhle jsem měl pár dobrých dní"
"I've learned from my time there"
"Poučil jsem se z doby, kdy jsem tam byl"
"and I have had joy from the experience"
"a měl jsem radost ze zkušenosti"
"I've neither harmed myself nor others by annoyance and hastiness"
"Neublížil jsem sobě ani ostatním podrážděností a unáhleností"
"if I ever return friendly people will welcome me"
"Pokud se někdy vrátím, přátelští lidé mě přivítají"
"if I return to do business friendly people will welcome me too"
"Pokud se vrátím k podnikání přátelští lidé mě také uvítají"
"I praise myself for not showing any hurry or displeasure"
"Chválím se, že jsem nedával najevo žádný spěch nebo nelibost"
"So, leave it as it is, my friend"
"Tak to nech, jak to je, příteli."
"and don't harm yourself by scolding"
"a neubližuj si napomínáním"
"If you see Siddhartha harming himself, then speak with me"
"Pokud uvidíš, jak si Siddhártha ubližuje, promluv si se mnou."
"and Siddhartha will go on his own path"
"a Siddhártha půjde svou vlastní cestou"
"But until then, let's be satisfied with one another"
"Ale do té doby buďme spokojeni jeden s druhým"
the merchant's attempts to convince Siddhartha were futile
obchodníkovy pokusy přesvědčit Siddhártha byly marné
he could not make Siddhartha eat his bread
nemohl přimět Siddhárthu jíst jeho chléb
Siddhartha ate his own bread
Siddhártha jedl svůj vlastní chléb

or rather, they both ate other people's bread
nebo spíš oba jedli cizí chleba
Siddhartha never listened to Kamaswami's worries
Siddhártha nikdy neposlouchal Kamaswamiho obavy
and Kamaswami had many worries he wanted to share
a Kamaswami měl mnoho starostí, o které se chtěl podělit
there were business-deals going on in danger of failing
probíhaly obchodní dohody, kterým hrozilo selhání
shipments of merchandise seemed to have been lost
zdálo se, že zásilky zboží byly ztraceny
debtors seemed to be unable to pay
Zdálo se, že dlužníci nejsou schopni splácet
Kamaswami could never convince Siddhartha to utter words of worry
Kamaswami nikdy nedokázal přesvědčit Siddhártha, aby vyslovil slova starostí
Kamaswami could not make Siddhartha feel anger towards business
Kamaswami nedokázal přimět Siddhárthu, aby pocítil hněv vůči podnikání
he could not get him to to have wrinkles on the forehead
nemohl ho přimět, aby měl vrásky na čele
he could not make Siddhartha sleep badly
nedokázal přimět Siddhárthu špatně spát

one day, Kamaswami tried to speak with Siddhartha
jednoho dne se Kamaswami pokusil promluvit se Siddhárthou
"Siddhartha, you have failed to learn anything new"
"Siddhárto, nedokázal jsi se naučit nic nového."
but again, Siddhartha laughed at this
ale znovu se tomu Siddhárta zasmál
"Would you please not kid me with such jokes"
"Nedělal bys mi prosím srandu s takovými vtipy?"
"What I've learned from you is how much a basket of fish costs"
"To, co jsem se od vás naučil, je, kolik stojí košík ryb."

"and I learned how much interest may be charged on loaned money"
"a dozvěděl jsem se, kolik úroků může být účtováno za půjčené peníze"
"These are your areas of expertise"
"Toto jsou oblasti vaší odbornosti"
"I haven't learned to think from you, my dear Kamaswami"
"Od tebe jsem se nenaučil myslet, můj drahý Kamaswami."
"you ought to be the one seeking to learn from me"
"měl bys to být ty, kdo se ode mě chce učit"
Indeed his soul was not with the trade
Ve skutečnosti jeho duše nebyla s obchodem
The business was good enough to provide him with money for Kamala
Obchod byl dost dobrý na to, aby mu zajistil peníze pro Kamalu
and it earned him much more than he needed
a vydělalo mu to mnohem víc, než potřeboval
Besides Kamala, Siddhartha's curiosity was with the people
Kromě Kamaly se Siddhártha zajímal o lidi
their businesses, crafts, worries, and pleasures
jejich podnikání, řemesla, starosti a radosti
all these things used to be alien to him
všechny tyto věci mu byly cizí
their acts of foolishness used to be as distant as the moon
jejich pošetilosti bývaly vzdálené jako Měsíc
he easily succeeded in talking to all of them
snadno se mu podařilo promluvit se všemi
he could live with all of them
mohl bydlet se všemi
and he could continue to learn from all of them
a od všech se mohl dál učit
but there was something which separated him from them
ale bylo tu něco, co ho od nich dělilo
he could feel a divide between him and the people
cítil propast mezi ním a lidmi

this separating factor was him being a Samana
tímto oddělujícím faktorem bylo, že byl Samana
He saw mankind going through life in a childlike manner
Viděl, jak lidstvo prochází životem dětským způsobem
in many ways they were living the way animals live
v mnoha ohledech žili tak, jak žijí zvířata
he loved and also despised their way of life
miloval a také opovrhoval jejich způsobem života
He saw them toiling and suffering
Viděl je lopotit se a trpět
they were becoming gray for things unworthy of this price
stávali se šedivými pro věci nehodné této ceny
they did things for money and little pleasures
dělali věci pro peníze a malé radosti
they did things for being slightly honoured
dělali věci za to, že byli trochu poctěni
he saw them scolding and insulting each other
viděl, jak se navzájem nadávají a urážejí
he saw them complaining about pain
viděl, jak si stěžují na bolest
pains at which a Samana would only smile
bolesti, kterým by se Samana jen usmíval
and he saw them suffering from deprivations
a viděl, jak trpí deprivací
deprivations which a Samana would not feel
deprivace, které by Samana nepocítila
He was open to everything these people brought his way
Byl otevřený všemu, co mu tito lidé přinesli
welcome was the merchant who offered him linen for sale
vítán byl obchodník, který mu nabízel prádlo k prodeji
welcome was the debtor who sought another loan
vítán byl dlužník, který hledal další úvěr
welcome was the beggar who told him the story of his poverty
vítán byl žebrák, který mu vyprávěl příběh o jeho chudobě
the beggar who was not half as poor as any Samana

žebrák, který nebyl ani z poloviny tak chudý jako kterákoli
Samana
He did not treat the rich merchant and his servant different
K bohatému obchodníkovi a jeho sluhovi nezacházel jinak
he let street-vendor cheat him when buying bananas
nechal se pouličním prodavačem podvést při nákupu banánů
Kamaswami would often complain to him about his worries
Kamaswami si často stěžoval na jeho starosti
or he would reproach him about his business
nebo by mu vyčítal jeho podnikání
he listened curiously and happily
poslouchal zvědavě a šťastně
but he was puzzled by his friend
ale byl zmaten svým přítelem
he tried to understand him
snažil se mu porozumět
and he admitted he was right, up to a certain point
a do jisté míry uznal, že měl pravdu
there were many who asked for Siddhartha
bylo mnoho těch, kteří žádali Siddhártha
many wanted to do business with him
mnozí s ním chtěli obchodovat
there were many who wanted to cheat him
bylo mnoho těch, kteří ho chtěli podvést
many wanted to draw some secret out of him
mnozí z něj chtěli vytáhnout nějaké tajemství
many wanted to appeal to his sympathy
mnozí chtěli apelovat na jeho sympatie
many wanted to get his advice
mnozí chtěli získat jeho radu
He gave advice to those who wanted it
Dával rady těm, kteří to chtěli
he pitied those who needed pity
litoval těch, kteří soucit potřebovali
he made gifts to those who liked presents
dával dárky těm, kteří měli rádi dárky

he let some cheat him a bit
nechal se některými trochu podvést
this game which all people played occupied his thoughts
tato hra, kterou hráli všichni lidé, zaměstnávala jeho myšlenky
he thought about this game just as much as he had about the Gods
přemýšlel o této hře stejně jako o bozích
deep in his chest he felt a dying voice
hluboko v hrudi ucítil umírající hlas
this voice admonished him quietly
tento hlas ho tiše napomenul
and he hardly perceived the voice inside of himself
a stěží vnímal hlas uvnitř sebe
And then, for an hour, he became aware of something
A pak si na hodinu něco uvědomil
he became aware of the strange life he was leading
uvědomil si podivný život, který vedl
he realized this life was only a game
uvědomil si, že tento život je jen hra
at times he would feel happiness and joy
občas cítil štěstí a radost
but real life was still passing him by
ale skutečný život ho stále míjel
and it was passing by without touching him
a procházelo kolem, aniž by se ho dotklo
Siddhartha played with his business-deals
Siddhártha si pohrával se svými obchodními dohodami
Siddhartha found amusement in the people around him
Siddhártha našel zábavu v lidech kolem sebe
but regarding his heart, he was not with them
ale co se týče jeho srdce, nebyl s nimi
The source ran somewhere, far away from him
Zdroj někam utekl, daleko od něj
it ran and ran invisibly
běželo a běželo neviditelně
it had nothing to do with his life any more

už to nemělo nic společného s jeho životem
at several times he became scared on account of such thoughts
několikrát dostal z takových myšlenek strach
he wished he could participate in all of these childlike games
přál si, aby se mohl účastnit všech těchto dětských her
he wanted to really live
chtěl opravdu žít
he wanted to really act in their theatre
chtěl skutečně hrát v jejich divadle
he wanted to really enjoy their pleasures
chtěl si opravdu užít jejich potěšení
and he wanted to live, instead of just standing by as a spectator
a chtěl žít, místo aby jen stál opodál jako divák

But again and again, he came back to beautiful Kamala
Ale znovu a znovu se vracel do krásné Kamaly
he learned the art of love
naučil se umění milovat
and he practised the cult of lust
a praktikoval kult chtíče
lust, in which giving and taking becomes one
chtíč, ve kterém dávání a braní se stává jedním
he chatted with her and learned from her
povídal si s ní a učil se od ní
he gave her advice, and he received her advice
dával jí rady a dostával její rady
She understood him better than Govinda used to understand him
Rozuměla mu lépe, než mu dříve rozuměl Govinda
she was more similar to him than Govinda had been
byla mu podobnější než Govinda
"You are like me," he said to her
"Jsi jako já," řekl jí

"you are different from most people"
"jsi jiný než většina lidí"
"You are Kamala, nothing else"
"Ty jsi Kamala, nic jiného"
"and inside of you, there is a peace and refuge"
"a uvnitř tebe je mír a útočiště"
"a refuge to which you can go at every hour of the day"
"útočiště, kam můžete jít v každou hodinu dne"
"you can be at home with yourself"
"můžeš být sám se sebou doma"
"I can do this too"
"To zvládnu taky"
"Few people have this place"
"Málo lidí má toto místo"
"and yet all of them could have it"
"a přesto to všichni mohli mít"
"Not all people are smart" said Kamala
"Ne všichni lidé jsou chytří," řekla Kamala
"No," said Siddhartha, **"that's not the reason why"**
"Ne," řekl Siddhártha, "to není důvod, proč"
"Kamaswami is just as smart as I am"
"Kamaswami je stejně chytrý jako já"
"but he has no refuge in himself"
"ale nemá v sobě útočiště"
"Others have it, although they have the minds of children"
"Ostatní to mají, i když mají mysl dětí"
"Most people, Kamala, are like a falling leaf"
"Většina lidí, Kamalo, je jako padající list."
"a leaf which is blown and is turning around through the air"
"list, který je foukaný a otáčí se vzduchem"
"a leaf which wavers, and tumbles to the ground"
"list, který se chvěje a padá k zemi"
"But others, a few, are like stars"
"Ale jiní, pár, jsou jako hvězdy"
"they go on a fixed course"

"jdou po pevném kurzu"
"no wind reaches them"
"žádný vítr k nim nedosáhne"
"in themselves they have their law and their course"
"v sobě mají svůj zákon a svůj směr"
"Among all the learned men I have met, there was one of this kind"
"Mezi všemi učenými muži, které jsem potkal, byl jeden tohoto druhu."
"he was a truly perfected one"
"byl opravdu dokonalý"
"I'll never be able to forget him"
"Nikdy na něj nebudu moct zapomenout"
"It is that Gotama, the exalted one"
"To je ten Gotama, ten vznešený"
"Thousands of followers are listening to his teachings every day"
"Tisíce následovníků poslouchají jeho učení každý den"
"they follow his instructions every hour"
"poslouchají jeho pokyny každou hodinu"
"but they are all falling leaves"
"ale všechno jsou to padající listí"
"not in themselves they have teachings and a law"
"ne samy o sobě mají učení a zákon"
Kamala looked at him with a smile
Kamala se na něj s úsměvem podívala
"Again, you're talking about him," she said
"Zase mluvíš o něm," řekla
"again, you're having a Samana's thoughts"
"zase máš myšlenky Samany"
Siddhartha said nothing, and they played the game of love
Siddhártha neřekl nic a hráli hru lásky
one of the thirty or forty different games Kamala knew
jedna z třiceti nebo čtyřiceti různých her, které Kamala znala
Her body was flexible like that of a jaguar
Její tělo bylo pružné jako tělo jaguára

flexible like the bow of a hunter
pružný jako luk lovce
he who had learned from her how to make love
ten, kdo se od ní naučil milovat
he was knowledgeable of many forms of lust
znal mnoho forem chtíče
he that learned from her knew many secrets
ten, kdo se od ní učil, znal mnohá tajemství
For a long time, she played with Siddhartha
Dlouho hrála se Siddhárthou
she enticed him and rejected him
zlákala ho a odmítla
she forced him and embraced him
přinutila ho a objala
she enjoyed his masterful skills
užívala si jeho mistrovské dovednosti
until he was defeated and rested exhausted by her side
dokud nebyl poražen a odpočíval vyčerpaný po jejím boku
The courtesan bent over him
Kurtizána se nad ním sklonila
she took a long look at his face
dlouze se mu podívala do tváře
she looked at his eyes, which had grown tired
podívala se mu do očí, které byly unavené
"You are the best lover I have ever seen" she said thoughtfully
"Jsi ten nejlepší milenec, jakého jsem kdy viděla," řekla zamyšleně
"You're stronger than others, more supple, more willing"
"Jsi silnější než ostatní, pružnější, ochotnější"
"You've learned my art well, Siddhartha"
"Dobře ses naučil mé umění, Siddhártho"
"At some time, when I'll be older, I'd want to bear your child"
"Někdy, až budu starší, budu chtít porodit tvé dítě."
"And yet, my dear, you've remained a Samana"

"A přesto, má drahá, jsi zůstal Samanou."
"and despite this, you do not love me"
"a navzdory tomu mě nemiluješ"
"there is nobody that you love"
"není nikdo koho miluješ"
"Isn't it so?" asked Kamala
"Není to tak?" zeptala se Kamala
"It might very well be so," Siddhartha said tiredly
"Mohlo by to tak být," řekl Siddhártha unaveně
"I am like you, because you also do not love"
"Jsem jako ty, protože také nemiluješ"
"how else could you practise love as a craft?"
"Jak jinak byste mohli praktikovat lásku jako řemeslo?"
"Perhaps, people of our kind can't love"
"Možná, že lidé našeho druhu nemohou milovat"
"The childlike people can love, that's their secret"
"Dětští lidé mohou milovat, to je jejich tajemství"

Sansara

For a long time, Siddhartha had lived in the world and lust
Po dlouhou dobu žil Siddhártha ve světě a chtíči
he lived this way though, without being a part of it
žil však tímto způsobem, aniž by toho byl součástí
he had killed this off when he had been a Samana
tohle zabil, když byl Samana
but now they had awoken again
ale teď se znovu probudili
he had tasted riches, lust, and power
okusil bohatství, chtíč a moc
for a long time he had remained a Samana in his heart
po dlouhou dobu zůstal ve svém srdci Samanou
Kamala, being smart, had realized this quite right
Kamala, která byla chytrá, si to uvědomila docela správně
thinking, waiting, and fasting still guided his life
myšlení, čekání a půst stále vedly jeho život
the childlike people remained alien to him
dětští lidé mu zůstali cizí
and he remained alien to the childlike people
a dětem podobným lidem zůstal cizí
Years passed by; surrounded by the good life
Uplynuly roky; obklopeni dobrým životem
Siddhartha hardly felt the years fading away
Siddhártha sotva cítil, jak léta mizí
He had become rich and possessed a house of his own
Zbohatl a vlastnil vlastní dům
he even had his own servants
měl dokonce své vlastní služebníky
he had a garden before the city, by the river
měl zahradu před městem, u řeky
The people liked him and came to him for money or advice
Lidé ho měli rádi a chodili za ním pro peníze nebo radu
but there was nobody close to him, except Kamala
ale nikdo vedle něj nebyl, kromě Kamaly

the bright state of being awake
jasný stav bdělosti
the feeling which he had experienced at the height of his youth
pocit, který zažil na vrcholu svého mládí
in those days after Gotama's sermon
v těch dnech po Gotamově kázání
after the separation from Govinda
po oddělení od Govindy
the tense expectation of life
napjaté očekávání života
the proud state of standing alone
hrdý stav stát sám
being without teachings or teachers
být bez učení nebo učitelů
the supple willingness to listen to the divine voice in his own heart
pružnou ochotu naslouchat božskému hlasu ve svém vlastním srdci
all these things had slowly become a memory
všechny tyto věci se pomalu staly vzpomínkou
the memory had been fleeting, distant, and quiet
vzpomínka byla prchavá, vzdálená a tichá
the holy source, which used to be near, now only murmured
svatý zdroj, který býval blízko, nyní jen mumlal
the holy source, which used to murmur within himself
svatý zdroj, který v sobě mumlal
Nevertheless, many things he had learned from the Samanas
Nicméně mnoho věcí se naučil od Samanas
he had learned from Gotama
naučil se od Gotamy
he had learned from his father the Brahman
naučil se od svého otce Brahman
his father had remained within his being for a long time
jeho otec zůstal v jeho bytí po dlouhou dobu
moderate living, the joy of thinking, hours of meditation

umírněné bydlení, radost z přemýšlení, hodiny meditace
the secret knowledge of the self; his eternal entity
tajné poznání sebe sama; jeho věčná bytost
the self which is neither body nor consciousness
já, které není ani tělem, ani vědomím
Many a part of this he still had
Mnohé z toho ještě měl
but one part after another had been submerged
ale jedna část za druhou byla ponořena
and eventually each part gathered dust
a nakonec se na každé části usadil prach
a potter's wheel, once in motion, will turn for a long time
hrnčířský kruh, jakmile je v pohybu, se bude dlouho otáčet
it loses its vigour only slowly
ztrácí na síle jen pomalu
and it comes to a stop only after time
a zastaví se až po čase
Siddhartha's soul had kept on turning the wheel of asceticism
Siddhárthova duše neustále otáčela kolem askeze
the wheel of thinking had kept turning for a long time
kolo myšlení se točilo ještě dlouho
the wheel of differentiation had still turned for a long time
kolo diferenciace se ještě dlouho točilo
but it turned slowly and hesitantly
ale pomalu a váhavě se to otočilo
and it was close to coming to a standstill
a bylo to blízko k zastavení
Slowly, like humidity entering the dying stem of a tree
Pomalu, jako když vlhkost vstupuje do odumírajícího kmene stromu
filling the stem slowly and making it rot
naplnění stonku pomalu a jeho hniloba
the world and sloth had entered Siddhartha's soul
svět a lenost vstoupili do Siddhárthovy duše
slowly it filled his soul and made it heavy

pomalu to naplňovalo jeho duši a dělalo ji těžkou
it made his soul tired and put it to sleep
unavil jeho duši a uspal ji
On the other hand, his senses had become alive
Na druhou stranu jeho smysly ožily
there was much his senses had learned
jeho smysly se toho hodně naučily
there was much his senses had experienced
jeho smysly toho zažily hodně
Siddhartha had learned to trade
Siddhártha se naučil obchodovat
he had learned how to use his power over people
naučil se používat svou moc nad lidmi
he had learned how to enjoy himself with a woman
naučil se užívat si se ženou
he had learned how to wear beautiful clothes
naučil se nosit krásné šaty
he had learned how to give orders to servants
naučil se dávat rozkazy sluhům
he had learned how to bathe in perfumed waters
naučil se koupat v parfémovaných vodách
He had learned how to eat tenderly and carefully prepared food
Naučil se jíst něžně a pečlivě připravené jídlo
he even ate fish, meat, and poultry
dokonce jedl ryby, maso a drůbež
spices and sweets and wine, which causes sloth and forgetfulness
koření a sladkosti a víno, což způsobuje lenost a zapomnění
He had learned to play with dice and on a chess-board
Naučil se hrát s kostkami a na šachovnici
he had learned to watch dancing girls
naučil se dívat na tančící dívky
he learned to have himself carried about in a sedan-chair
naučil se nechat se vozit v sedanovém křesle
he learned to sleep on a soft bed

naučil se spát na měkké posteli
But still he felt different from others
Ale přesto se cítil jiný než ostatní
he still felt superior to the others
stále se cítil nadřazený ostatním
he always watched them with some mockery
vždy je pozoroval s nějakým výsměchem
there was always some mocking disdain to how he felt about them
vždy bylo nějaké posměšné pohrdání tím, co k nim cítil
the same disdain a Samana feels for the people of the world
stejné pohrdání, které Samana cítí k lidem na světě

Kamaswami was ailing and felt annoyed
Kamaswami byl nemocný a cítil se naštvaný
he felt insulted by Siddhartha
cítil se uražen Siddhárthou
and he was vexed by his worries as a merchant
a trápily ho jeho starosti obchodníka
Siddhartha had always watched these things with mockery
Siddhártha vždy tyto věci sledoval s posměchem
but his mockery had become more tired
ale jeho výsměch už byl unavenější
his superiority had become more quiet
jeho nadřazenost ztichla
as slowly imperceptible as the rainy season passing by
tak pomalu nepostřehnutelné jako ubíhající období dešťů
slowly, Siddhartha had assumed something of the childlike people's ways
Siddhártha pomalu přijal něco ze způsobů dětských lidí
he had gained some of their childishness
získal něco z jejich dětinskosti
and he had gained some of their fearfulness
a získal část jejich strachu
And yet, the more be become like them the more he envied them

A přesto, čím více se jim podobal, tím více jim záviděl
He envied them for the one thing that was missing from him
Záviděl jim jedinou věc, která mu chyběla
the importance they were able to attach to their lives
důležitost, kterou byli schopni přikládat svému životu
the amount of passion in their joys and fears
množství vášně v jejich radostech a obavách
the fearful but sweet happiness of being constantly in love
strašlivé, ale sladké štěstí být neustále zamilovaný
These people were in love with themselves all of the time
Tito lidé byli celou dobu do sebe zamilovaní
women loved their children, with honours or money
ženy milovaly své děti s poctami nebo penězi
the men loved themselves with plans or hopes
muži se milovali s plány nebo nadějemi
But he did not learn this from them
To se ale od nich nedozvěděl
he did not learn the joy of children
nenaučil se radosti dětí
and he did not learn their foolishness
a nenaučil se jejich pošetilosti
what he mostly learned were their unpleasant things
co se většinou dozvěděl, byly jejich nepříjemné věci
and he despised these things
a těmito věcmi pohrdal
in the morning, after having had company
ráno po společnosti
more and more he stayed in bed for a long time
čím dál víc zůstával dlouho v posteli
he felt unable to think, and was tired
cítil se neschopen myslet a byl unavený
he became angry and impatient when Kamaswami bored him with his worries
zlobil se a byl netrpělivý, když ho Kamaswami nudil svými starostmi
he laughed just too loud when he lost a game of dice

smál se příliš hlasitě, když prohrál hru v kostky
His face was still smarter and more spiritual than others
Jeho tvář byla stále chytřejší a duchovnější než ostatní
but his face rarely laughed anymore
ale jeho tvář se už smála jen zřídka
slowly, his face assumed other features
pomalu jeho tvář nabývala jiných rysů
the features often found in the faces of rich people
rysy, které se často nacházejí ve tvářích bohatých lidí
features of discontent, of sickliness, of ill-humour
rysy nespokojenosti, nemocnosti, špatného humoru
features of sloth, and of a lack of love
rysy lenosti a nedostatku lásky
the disease of the soul which rich people have
nemoc duše, kterou mají bohatí lidé
Slowly, this disease grabbed hold of him
Tato nemoc se ho pomalu zmocnila
like a thin mist, tiredness came over Siddhartha
Siddhártha přepadla únava jako řídká mlha
slowly, this mist got a bit denser every day
pomalu tato mlha každým dnem trochu houstla
it got a bit murkier every month
každý měsíc to bylo o něco temnější
and every year it got a bit heavier
a každým rokem to bylo o něco těžší
dresses become old with time
šaty časem stárnou
clothes lose their beautiful colour over time
oblečení časem ztrácí svou krásnou barvu
they get stains, wrinkles, worn off at the seams
dělají se na nich skvrny, vrásky, opotřebované ve švech
they start to show threadbare spots here and there
začnou tu a tam ukazovat ošuntělá místa
this is how Siddhartha's new life was
takový byl Siddhárthův nový život

the life which he had started after his separation from Govinda
život, který začal po odloučení od Govindy
his life had grown old and lost colour
jeho život zestárnul a ztratil barvu
there was less splendour to it as the years passed by
jak léta ubíhala, bylo v ní méně nádhery
his life was gathering wrinkles and stains
jeho život se hromadil vrásek a skvrn
and hidden at bottom, disappointment and disgust were waiting
a ukryté na dně čekalo zklamání a znechucení
they were showing their ugliness
ukazovali svou ošklivost
Siddhartha did not notice these things
Siddhártha si těchto věcí nevšiml
he remembered the bright and reliable voice inside of him
vzpomněl si na jasný a spolehlivý hlas v něm
he noticed the voice had become silent
všiml si, že hlas ztichl
the voice which had awoken in him at that time
hlas, který se v něm tenkrát probudil
the voice that had guided him in his best times
hlas, který ho vedl v jeho nejlepších časech
he had been captured by the world
byl zajat světem
he had been captured by lust, covetousness, sloth
byl zajat chtíčem, chamtivostí, leností
and finally he had been captured by his most despised vice
a nakonec byl zajat svou nejopovrhovanější neřestí
the vice which he mocked the most
neřest, které se nejvíce vysmíval
the most foolish one of all vices
nejhloupější ze všech neřestí
he had let greed into his heart
vpustil do svého srdce chamtivost

Property, possessions, and riches also had finally captured him
Majetek, majetek a bohatství ho také konečně zajaly
having things was no longer a game to him
mít věci pro něj už nebyla hra
his possessions had become a shackle and a burden
jeho majetek se stal okovem a břemenem
It had happened in a strange and devious way
Stalo se to zvláštním a nevyzpytatelným způsobem
Siddhartha had gotten this vice from the game of dice
Siddhártha tuto neřest získal ze hry v kostky
he had stopped being a Samana in his heart
ve svém srdci přestal být Samanou
and then he began to play the game for money
a pak začal hrát hru o peníze
first he joined the game with a smile
nejprve se s úsměvem zapojil do hry
at this time he only played casually
v této době hrál jen příležitostně
he wanted to join the customs of the childlike people
chtěl se připojit ke zvykům dětských lidí
but now he played with an increasing rage and passion
ale teď hrál se vzrůstajícím vztekem a vášní
He was a feared gambler among the other merchants
Mezi ostatními obchodníky byl obávaným hazardním hráčem
his stakes were so audacious that few dared to take him on
jeho sázky byly tak odvážné, že se ho jen málokdo odvážil vzít
He played the game due to a pain of his heart
Hrál hru kvůli bolesti srdce
losing and wasting his wretched money brought him an angry joy
ztráta a promrhání ubohých peněz mu přineslo zlostnou radost
he could demonstrate his disdain for wealth in no other way
nemohl demonstrovat své pohrdání bohatstvím žádným jiným způsobem

he could not mock the merchants' false god in a better way
nemohl se lépe vysmívat falešnému bohu obchodníků
so he gambled with high stakes
tak hazardoval s vysokými sázkami
he mercilessly hated himself and mocked himself
nemilosrdně se nenáviděl a posmíval se sám sobě
he won thousands, threw away thousands
vyhrál tisíce, zahodil tisíce
he lost money, jewellery, a house in the country
přišel o peníze, šperky, dům na venkově
he won it again, and then he lost again
znovu vyhrál a pak znovu prohrál
he loved the fear he felt while he was rolling the dice
miloval strach, který cítil, když házel kostkami
he loved feeling worried about losing what he gambled
miloval strach z toho, že prohraje to, co vsadil
he always wanted to get this fear to a slightly higher level
vždy chtěl tento strach dostat na trochu vyšší úroveň
he only felt something like happiness when he felt this fear
cítil něco jako štěstí, jen když pocítil tento strach
it was something like an intoxication
bylo to něco jako intoxikace
something like an elevated form of life
něco jako povznesená forma života
something brighter in the midst of his dull life
něco jasnějšího uprostřed jeho nudného života
And after each big loss, his mind was set on new riches
A po každé velké ztrátě se jeho mysl upnula na nové bohatství
he pursued the trade more zealously
věnoval se řemeslu horlivě
he forced his debtors more strictly to pay
nutil své dlužníky přísněji platit
because he wanted to continue gambling
protože chtěl pokračovat v hazardu
he wanted to continue squandering
chtěl dál plýtvat

he wanted to continue demonstrating his disdain of wealth
chtěl i nadále demonstrovat své pohrdání bohatstvím
Siddhartha lost his calmness when losses occurred
Siddhártha ztratil klid, když došlo ke ztrátám
he lost his patience when he was not paid on time
ztratil trpělivost, když nedostal včas výplatu
he lost his kindness towards beggars
ztratil laskavost k žebrákům
He gambled away tens of thousands at one roll of the dice
Při jednom hodu kostkou prohrál desítky tisíc
he became more strict and more petty in his business
stal se ve svém podnikání přísnější a malichernější
occasionally, he was dreaming at night about money!
občas se mu v noci zdálo o penězích!
whenever he woke up from this ugly spell, he continued fleeing
kdykoli se probral z tohoto ošklivého kouzla, pokračoval v útěku
whenever he found his face in the mirror to have aged, he found a new game
kdykoli zjistil, že jeho tvář v zrcadle zestárla, našel novou hru
whenever embarrassment and disgust came over him, he numbed his mind
kdykoli ho přepadly rozpaky a znechucení, otupoval svou mysl
he numbed his mind with sex and wine
otupil svou mysl sexem a vínem
and from there he fled back into the urge to pile up and obtain possessions
a odtud utekl zpět do touhy hromadit se a získat majetek
In this pointless cycle he ran
V tomto nesmyslném cyklu utíkal
from his life he grow tired, old, and ill
ze svého života vyroste unavený, starý a nemocný

Then the time came when a dream warned him

Pak přišel čas, kdy ho varoval sen
He had spent the hours of the evening with Kamala
Strávil hodiny večera s Kamalou
he had been in her beautiful pleasure-garden
byl v její krásné zahradě potěšení
They had been sitting under the trees, talking
Seděli pod stromy a povídali si
and Kamala had said thoughtful words
a Kamala řekla zamyšlená slova
words behind which a sadness and tiredness lay hidden
slova, za kterými se skrýval smutek a únava
She had asked him to tell her about Gotama
Požádala ho, aby jí řekl o Gotamě
she could not hear enough of him
nemohla ho dost slyšet
she loved how clear his eyes were
milovala, jak má jasné oči
she loved how still and beautiful his mouth was
milovala, jak má tichá a krásná ústa
she loved the kindness of his smile
milovala laskavost jeho úsměvu
she loved how peaceful his walk had been
milovala, jak klidná byla jeho chůze
For a long time, he had to tell her about the exalted Buddha
Dlouho jí musel vyprávět o vznešeném Buddhovi
and Kamala had sighed, and spoke
a Kamala si povzdechla a promluvila
"One day, perhaps soon, I'll also follow that Buddha"
"Jednoho dne, možná brzy, budu také následovat toho Buddhu."
"I'll give him my pleasure-garden for a gift"
"Dám mu svou zahradu potěšení za dárek"
"and I will take my refuge in his teachings"
"a uchýlím se k jeho učení"
But after this, she had aroused him
Ale potom ho vzrušila

she had tied him to her in the act of making love
připoutala ho k sobě při milování
with painful fervour, biting and in tears
s bolestivou vroucností, kousáním a v slzách
it was as if she wanted to squeeze the last sweet drop out of this wine
jako by z tohoto vína chtěla vymáčknout poslední sladkou kapku
Never before had it become so strangely clear to Siddhartha
Nikdy předtím to Siddhárthovi nebylo tak podivně jasné
he felt how close lust was akin to death
cítil, jak blízko je chtíč jako smrt
he laid by her side, and Kamala's face was close to him
ležel vedle ní a Kamalina tvář byla blízko u něj
under her eyes and next to the corners of her mouth
pod očima a vedle koutků úst
it was as clear as never before
bylo to jasné jako nikdy předtím
there read a fearful inscription
četl děsivý nápis
an inscription of small lines and slight grooves
nápis malých čar a mírných rýh
an inscription reminiscent of autumn and old age
nápis připomínající podzim a stáří
here and there, gray hairs among his black ones
tu a tam šediny mezi jeho černými
Siddhartha himself, who was only in his forties, noticed the same thing
Totéž si všiml i samotný Siddhártha, kterému bylo teprve čtyřicet
Tiredness was written on Kamala's beautiful face
Na krásném obličeji Kamaly se podepsala únava
tiredness from walking a long path
únava z chůze dlouhé cesty
a path which has no happy destination
cesta, která nemá šťastný cíl

tiredness and the beginning of withering
únava a začínající vadnutí
fear of old age, autumn, and having to die
strach ze stáří, podzimu a nutnosti zemřít
With a sigh, he had bid his farewell to her
S povzdechem se s ní rozloučil
the soul full of reluctance, and full of concealed anxiety
duše plná nechuti a plná skryté úzkosti

Siddhartha had spent the night in his house with dancing girls
Siddhártha strávil noc ve svém domě s tančícími dívkami
he acted as if he was superior to them
choval se, jako by jim byl nadřazen
he acted superior towards the fellow-members of his caste
choval se nadřazeně členům své kasty
but this was no longer true
ale to už nebyla pravda
he had drunk much wine that night
té noci vypil hodně vína
and he went to bed a long time after midnight
a šel spát dlouho po půlnoci
tired and yet excited, close to weeping and despair
unavený a přesto vzrušený, blízko k pláči a zoufalství
for a long time he sought to sleep, but it was in vain
dlouho se snažil usnout, ale bylo to marné
his heart was full of misery
jeho srdce bylo plné neštěstí
he thought he could not bear any longer
myslel si, že už to déle nevydrží
he was full of a disgust, which he felt penetrating his entire body
byl plný hnusu, který cítil, jak mu proniká celým tělem
like the lukewarm repulsive taste of the wine
jako vlažná odpudivá chuť vína
the dull music was a little too happy

nudná hudba byla až příliš veselá
the smile of the dancing girls was a little too soft
úsměv tančících dívek byl až příliš jemný
the scent of their hair and breasts was a little too sweet
vůně jejich vlasů a prsou byla trochu přeslazená
But more than by anything else, he was disgusted by himself
Ale víc než čímkoli jiným byl znechucen sám sebou
he was disgusted by his perfumed hair
byl znechucen svými navoněnými vlasy
he was disgusted by the smell of wine from his mouth
byl znechucen pachem vína z jeho úst
he was disgusted by the listlessness of his skin
byl znechucen netečností jeho kůže
Like when someone who has eaten and drunk far too much
Jako když někdo příliš mnoho snědl a vypil
they vomit it back up again with agonising pain
znovu to vyzvracejí s mučivou bolestí
but they feel relieved by the vomiting
ale cítí úlevu po zvracení
this sleepless man wished to free himself of these pleasures
tento nevyspalý muž se chtěl osvobodit od těchto rozkoší
he wanted to be rid of these habits
chtěl se těchto zvyků zbavit
he wanted to escape all of this pointless life
chtěl uniknout všemu tomu nesmyslnému životu
and he wanted to escape from himself
a chtěl před sebou uniknout
it wasn't until the light of the morning when he had slightly fallen sleep
až za ranního světla lehce usnul
the first activities in the street were already beginning
první aktivity na ulici už začínaly
for a few moments he had found a hint of sleep
na několik okamžiků našel náznak spánku
In those moments, he had a dream

V těch chvílích měl sen
Kamala owned a small, rare singing bird in a golden cage
Kamala vlastnila malého, vzácného zpívajícího ptáčka ve zlaté kleci
it always sung to him in the morning
vždy mu to ráno zpívalo
but then he dreamt this bird had become mute
ale pak se mu zdálo, že tento pták oněměl
since this arose his attention, he stepped in front of the cage
protože to vyvolalo jeho pozornost, postavil se před klec
he looked at the bird inside the cage
podíval se na ptáka uvnitř klece
the small bird was dead, and lay stiff on the ground
malý ptáček byl mrtvý a ležel strnule na zemi
He took the dead bird out of its cage
Vyndal mrtvého ptáka z klece
he took a moment to weigh the dead bird in his hand
chvíli potěžkal mrtvého ptáka v ruce
and then threw it away, out in the street
a pak to zahodil na ulici
in the same moment he felt terribly shocked
ve stejném okamžiku se cítil strašně šokován
his heart hurt as if he had thrown away all value
srdce ho bolelo, jako by zahodil všechnu hodnotu
everything good had been inside of this dead bird
všechno dobré bylo uvnitř tohoto mrtvého ptáka
Starting up from this dream, he felt encompassed by a deep sadness
Když vyšel z tohoto snu, cítil se obklopený hlubokým smutkem
everything seemed worthless to him
všechno se mu zdálo bezcenné
worthless and pointless was the way he had been going through life
způsob, jakým procházel životem, byl bezcenný a nesmyslný
nothing which was alive was left in his hands

v jeho rukou nezůstalo nic živého
nothing which was in some way delicious could be kept
nic, co bylo nějakým způsobem chutné, se nedalo uchovat
nothing worth keeping would stay
nezůstane nic, co by stálo za to udržet
alone he stood there, empty like a castaway on the shore
stál tam sám, prázdný jako trosečník na břehu

With a gloomy mind, Siddhartha went to his pleasure-garden
S ponurou myslí odešel Siddhártha do své zahrady potěšení
he locked the gate and sat down under a mango-tree
zamkl bránu a posadil se pod mangovník
he felt death in his heart and horror in his chest
cítil smrt v srdci a hrůzu v hrudi
he sensed how everything died and withered in him
cítil, jak v něm všechno umírá a chřadne
By and by, he gathered his thoughts in his mind
Postupně shromažďoval své myšlenky v mysli
once again, he went through the entire path of his life
znovu prošel celou cestu svého života
he started with the first days he could remember
začal prvními dny, které si pamatoval
When was there ever a time when he had felt a true bliss?
Kdy nastala chvíle, kdy cítil opravdovou blaženost?
Oh yes, several times he had experienced such a thing
Ach ano, několikrát takovou věc zažil
In his years as a boy he had had a taste of bliss
V letech, kdy byl chlapec, měl chuť blaženosti
he had felt happiness in his heart when he obtained praise from the Brahmans
cítil ve svém srdci štěstí, když získal chválu od Brahmanů
"There is a path in front of the one who has distinguished himself"
"Před tím, kdo se vyznamenal, je cesta"
he had felt bliss reciting the holy verses

cítil blaženost, když recitoval svaté verše
he had felt bliss disputing with the learned ones
cítil blaženost, když se hádal s těmi učenými
he had felt bliss when he was an assistant in the offerings
cítil blaženost, když byl pomocníkem při obětech
Then, he had felt it in his heart
Pak to cítil ve svém srdci
"There is a path in front of you"
"Před tebou je cesta"
"you are destined for this path"
"jsi předurčen pro tuto cestu"
"the gods are awaiting you"
"bohové na tebe čekají"
And again, as a young man, he had felt bliss
A znovu, jako mladý muž, cítil blaženost
when his thoughts separated him from those thinking on the same things
když ho jeho myšlenky oddělily od těch, kteří přemýšleli o stejných věcech
when he wrestled in pain for the purpose of Brahman
když zápasil v bolestech za účelem Brahmanu
when every obtained knowledge only kindled new thirst in him
když každé získané poznání v něm jen zažehlo novou žízeň
in the midst of the pain he felt this very same thing
uprostřed bolesti cítil přesně to samé
"Go on! You are called upon!"
"Pokračujte! Jste voláni!"
He had heard this voice when he had left his home
Ten hlas slyšel, když opouštěl svůj domov
he heard heard this voice when he had chosen the life of a Samana
slyšel tento hlas, když si vybral život Samany
and again he heard this voice when left the Samanas
a znovu uslyšel tento hlas, když opustil Samany

he had heard the voice when he went to see the perfected one
slyšel ten hlas, když se šel podívat na toho dokonalého
and when he had gone away from the perfected one, he had heard the voice
a když odešel od dokonalého, uslyšel hlas
he had heard the voice when he went into the uncertain
slyšel ten hlas, když šel do nejisté
For how long had he not heard this voice anymore?
Jak dlouho už tento hlas neslyšel?
for how long had he reached no height anymore?
jak dlouho už nedosáhl žádné výšky?
how even and dull was the manner in which he went through life?
jak vyrovnaný a nudný byl způsob, jakým procházel životem?
for many long years without a high goal
po mnoho dlouhých let bez vysokého cíle
he had been without thirst or elevation
byl bez žízně a povznesení
he had been content with small lustful pleasures
spokojil se s malými chlípnými potěšeními
and yet he was never satisfied!
a přesto nebyl nikdy spokojen!
For all of these years he had tried hard to become like the others
Po všechny ty roky se usilovně snažil stát se jako ostatní
he longed to be one of the childlike people
toužil být jedním z dětských lidí
but he didn't know that that was what he really wanted
ale nevěděl, že to je to, co opravdu chtěl
his life had been much more miserable and poorer than theirs
jeho život byl mnohem bídnější a chudší než jejich
because their goals and worries were not his
protože jejich cíle a starosti nebyly jeho

the entire world of the Kamaswami-people had only been a game to him
celý svět Kamaswami-lidí pro něj byl jen hrou
their lives were a dance he would watch
jejich životy byly tancem, na který se bude dívat
they performed a comedy he could amuse himself with
předvedli komedii, kterou se mohl pobavit
Only Kamala had been dear and valuable to him
Jen Kamala mu byla drahá a cenná
but was she still valuable to him?
ale byla pro něj stále cenná?
Did he still need her?
Potřeboval ji ještě?
Or did she still need him?
Nebo ho ještě potřebovala?
Did they not play a game without an ending?
Nehráli hru bez konce?
Was it necessary to live for this?
Bylo pro to nutné žít?
No, it was not necessary!
Ne, to nebylo nutné!
The name of this game was Sansara
Název této hry byl Sansara
a game for children which was perhaps enjoyable to play once
hra pro děti, kterou snad jednou bylo příjemné hrát
maybe it could be played twice
možná by se to dalo hrát dvakrát
perhaps you could play it ten times
možná bys to mohl hrát desetkrát
but should you play it for ever and ever?
ale měli byste to hrát navždy?
Then, Siddhartha knew that the game was over
Pak Siddhártha věděl, že hra skončila
he knew that he could not play it any more
věděl, že už to dál hrát nemůže

Shivers ran over his body and inside of him
Po těle i uvnitř mu přeběhl mráz
he felt that something had died
cítil, že něco zemřelo

That entire day, he sat under the mango-tree
Celý den seděl pod mangovníkem
he was thinking of his father
myslel na svého otce
he was thinking of Govinda
myslel na Govindu
and he was thinking of Gotama
a myslel na Gotamu
Did he have to leave them to become a Kamaswami?
Musel je opustit, aby se stal Kamaswamim?
He was still sitting there when the night had fallen
Stále tam seděl, když padla noc
he caught sight of the stars, and thought to himself
zahlédl hvězdy a pomyslel si
"Here I'm sitting under my mango-tree in my pleasure-garden"
"Tady sedím pod svým mangovníkem ve své zahradě potěšení"
He smiled a little to himself
Trochu se pro sebe usmál
was it really necessary to own a garden?
bylo opravdu nutné vlastnit zahradu?
was it not a foolish game?
nebyla to hloupá hra?
did he need to own a mango-tree?
potřeboval vlastnit mangovník?
He also put an end to this
Tomu také učinil přítrž
this also died in him
toto v něm také zemřelo
He rose and bid his farewell to the mango-tree

Vstal a rozloučil se s mangovníkem
he bid his farewell to the pleasure-garden
rozloučil se se zahradou potěšení
Since he had been without food this day, he felt strong hunger
Protože byl tento den bez jídla, cítil silný hlad
and he thought of his house in the city
a myslel na svůj dům ve městě
he thought of his chamber and bed
myslel na svou komnatu a postel
he thought of the table with the meals on it
myslel na stůl s jídlem na něm
He smiled tiredly, shook himself, and bid his farewell to these things
Unaveně se usmál, otřásl se a rozloučil se s těmito věcmi
In the same hour of the night, Siddhartha left his garden
Ve stejnou hodinu v noci Siddhártha opustil svou zahradu
he left the city and never came back
opustil město a už se nevrátil

For a long time, Kamaswami had people look for him
Kamasvámí po dlouhou dobu nechal lidi hledat
they thought he had fallen into the hands of robbers
domnívali se, že padl do rukou lupičů
Kamala had no one look for him
Kamala ho nikdo nehledal
she was not astonished by his disappearance
jeho zmizení ji nepřekvapilo
Did she not always expect it?
Nečekala to vždycky?
Was he not a Samana?
Nebyl to Samana?
a man who was at home nowhere, a pilgrim
muž, který nebyl doma nikde, poutník
she had felt this the last time they had been together
cítila to, když byli naposledy spolu

she was happy despite all the pain of the loss
byla šťastná i přes všechnu bolest ze ztráty
she was happy she had been with him one last time
byla šťastná, že s ním byla naposledy
she was happy she had pulled him so affectionately to her heart
byla šťastná, že si ho tak láskyplně přitáhla k srdci
she was happy she had felt completely possessed and penetrated by him
byla šťastná, že se cítila zcela posedlá a proniknutá jím
When she received the news, she went to the window
Když tu zprávu dostala, šla k oknu
at the window she held a rare singing bird
u okna držela vzácného zpívajícího ptáka
the bird was held captive in a golden cage
pták byl držen v zajetí ve zlaté kleci
She opened the door of the cage
Otevřela dvířka klece
she took the bird out and let it fly
vytáhla ptáka a nechala ho létat
For a long time, she gazed after it
Dlouho se za ní dívala
From this day on, she received no more visitors
Od tohoto dne nepřijímala žádné další návštěvy
and she kept her house locked
a svůj dům držela zamčený
But after some time, she became aware that she was pregnant
Po nějaké době si ale uvědomila, že je těhotná
she was pregnant from the last time she was with Siddhartha
byla těhotná od poslední chvíle, kdy byla se Siddhárthou

By the River
U řeky

Siddhartha walked through the forest
Siddhártha procházel lesem
he was already far from the city
byl už daleko od města
and he knew nothing but one thing
a nevěděl nic než jednu věc
there was no going back for him
pro něj nebylo cesty zpět
the life that he had lived for many years was over
život, který žil mnoho let, skončil
he had tasted all of this life
ochutnal celý tento život
he had sucked everything out of this life
vysál všechno z tohoto života
until he was disgusted with it
až z toho byl znechucený
the singing bird he had dreamt of was dead
zpívající pták, o kterém snil, byl mrtvý
and the bird in his heart was dead too
a pták v jeho srdci byl také mrtvý
he had been deeply entangled in Sansara
byl hluboce zapleten do Sansary
he had sucked up disgust and death into his body
nasál do svého těla znechucení a smrt
like a sponge sucks up water until it is full
jako houba nasává vodu, dokud není plná
he was full of misery and death
byl plný bídy a smrti
there was nothing left in this world which could have attracted him
na tomto světě nezbylo nic, co by ho mohlo přitahovat
nothing could have given him joy or comfort
nic mu nemohlo poskytnout radost ani útěchu

he passionately wished to know nothing about himself anymore
vášnivě si přál už o sobě nic vědět
he wanted to have rest and be dead
chtěl si odpočinout a být mrtvý
he wished there was a lightning-bolt to strike him dead!
přál si, aby ho zabil blesk!
If there only was a tiger to devour him!
Kdyby tak existoval tygr, který by ho sežral!
If there only was a poisonous wine which would numb his senses
Kdyby tak existovalo jedovaté víno, které by otupilo jeho smysly
a wine which brought him forgetfulness and sleep
víno, které mu přineslo zapomnění a spánek
a wine from which he wouldn't awake from
víno, ze kterého by se neprobudil
Was there still any kind of filth he had not soiled himself with?
Existoval ještě nějaký druh špíny, kterou se neušpinil?
was there a sin or foolish act he had not committed?
byl nějaký hřích nebo pošetilý čin, kterého se nedopustil?
was there a dreariness of the soul he didn't know?
byla tam ponurá duše, kterou neznal?
was there anything he had not brought upon himself?
bylo něco, co na sebe nepřinesl?
Was it still at all possible to be alive?
Bylo ještě vůbec možné být naživu?
Was it possible to breathe in again and again?
Bylo možné se znovu a znovu nadechnout?
Could he still breathe out?
Mohl ještě vydechnout?
was he able to bear hunger?
byl schopen vydržet hlad?
was there any way to eat again?
byl nějaký způsob, jak se znovu najíst?

was it possible to sleep again?
bylo možné znovu spát?
could he sleep with a woman again?
mohl by znovu spát se ženou?
had this cycle not exhausted itself?
nevyčerpal se tento cyklus?
were things not brought to their conclusion?
nebyly věci dovedeny do konce?

Siddhartha reached the large river in the forest
Siddhártha dosáhl velké řeky v lese
it was the same river he crossed when he had still been a young man
byla to stejná řeka, kterou překročil, když byl ještě mladý muž
it was the same river he crossed from the town of Gotama
byla to stejná řeka, kterou přešel z města Gotama
he remembered a ferryman who had taken him over the river
vzpomněl si na převozníka, který ho převezl přes řeku
By this river he stopped, and hesitantly he stood at the bank
U této řeky se zastavil a váhavě se postavil na břeh
Tiredness and hunger had weakened him
Únava a hlad ho oslabily
"what should I walk on for?"
"po čem mám jít?"
"to what goal was there left to go?"
"K jakému cíli zbývalo jít?"
No, there were no more goals
Ne, další góly už nepadly
there was nothing left but a painful yearning to shake off this dream
nezbylo nic než bolestná touha setřást tento sen
he yearned to spit out this stale wine
toužil vyplivnout toto zatuchlé víno
he wanted to put an end to this miserable and shameful life
chtěl skoncovat s tímto bídným a hanebným životem

a coconut-tree bent over the bank of the river
kokosový strom ohnutý nad břehem řeky
Siddhartha leaned against its trunk with his shoulder
Siddhártha se ramenem opřel o kmen
he embraced the trunk with one arm
jednou rukou objal kmen
and he looked down into the green water
a podíval se dolů do zelené vody
the water ran under him
voda pod ním tekla
he looked down and found himself to be entirely filled with the wish to let go
podíval se dolů a zjistil, že je zcela naplněn přáním nechat to jít
he wanted to drown in these waters
chtěl se v těchto vodách utopit
the water reflected a frightening emptiness back at him
voda na něj odrážela děsivou prázdnotu
the water answered to the terrible emptiness in his soul
voda odpověděla na hroznou prázdnotu v jeho duši
Yes, he had reached the end
Ano, dosáhl konce
There was nothing left for him, except to annihilate himself
Nezbylo mu nic jiného, než zničit sám sebe
he wanted to smash the failure into which he had shaped his life
chtěl rozbít neúspěch, do kterého utvářel svůj život
he wanted to throw his life before the feet of mockingly laughing gods
chtěl hodit svůj život před nohy posměšně se smějícím bohům
This was the great vomiting he had longed for; death
To bylo velké zvracení, po kterém toužil; smrt
the smashing to bits of the form he hated
rozbití na kousky formy, kterou nenáviděl
Let him be food for fishes and crocodiles
Nechť je potravou pro ryby a krokodýly

Siddhartha the dog, a lunatic
Pes Siddhártha, šílenec
a depraved and rotten body; a weakened and abused soul!
zkažené a prohnilé tělo; oslabená a týraná duše!
let him be chopped to bits by the daemons
ať ho démoni rozsekají na kousky
With a distorted face, he stared into the water
Se zkresleným obličejem zíral do vody
he saw the reflection of his face and spat at it
uviděl odraz jeho tváře a plivl na něj
In deep tiredness, he took his arm away from the trunk of the tree
V hluboké únavě sundal paži z kmene stromu
he turned a bit, in order to let himself fall straight down
trochu se otočil, aby se nechal spadnout přímo dolů
in order to finally drown in the river
aby se nakonec utopil v řece
With his eyes closed, he slipped towards death
Se zavřenýma očima sklouzl ke smrti
Then, out of remote areas of his soul, a sound stirred up
Pak se z odlehlých oblastí jeho duše probudil zvuk
a sound stirred up out of past times of his now weary life
z minulých časů jeho nyní unaveného života se probudil zvuk
It was a singular word, a single syllable
Bylo to jediné slovo, jediná slabika
without thinking he spoke the voice to himself
bez přemýšlení promluvil ten hlas pro sebe
he slurred the beginning and the end of all prayers of the Brahmans
pomlčel začátek a konec všech modliteb bráhmanů
he spoke the holy Om
mluvil svaté Óm
"that what is perfect" or "the completion"
"to, co je dokonalé" nebo "dokončení"
And in the moment he realized the foolishness of his actions
A v tu chvíli si uvědomil hloupost svého jednání

the sound of Om touched Siddhartha's ear
zvuk Óm se dotkl Siddhárthova ucha
his dormant spirit suddenly woke up
jeho spící duch se náhle probudil
Siddhartha was deeply shocked
Siddhártha byl hluboce šokován
he saw this was how things were with him
viděl, jak to s ním bylo
he was so doomed that he had been able to seek death
byl tak odsouzen k záhubě, že byl schopen hledat smrt
he had lost his way so much that he wished the end
ztratil cestu natolik, že si přál konec
the wish of a child had been able to grow in him
přání dítěte v něm mohlo vyrůst
he had wished to find rest by annihilating his body!
přál si najít odpočinek zničením svého těla!
all the agony of recent times
všechna ta utrpení poslední doby
all sobering realizations that his life had created
všechna střízlivá zjištění, která jeho život vytvořil
all the desperation that he had felt
všechno to zoufalství, které cítil
these things did not bring about this moment
tyto věci tento okamžik nepřinesly
when the Om entered his consciousness he became aware of himself
když Óm vstoupil do jeho vědomí, uvědomil si sám sebe
he realized his misery and his error
uvědomil si svou bídu a svou chybu
Om! he spoke to himself
Om! mluvil sám k sobě
Om! and again he knew about Brahman
Om! a znovu věděl o Brahmanu
Om! he knew about the indestructibility of life
Om! věděl o nezničitelnosti života

Om! he knew about all that is divine, which he had forgotten
Om! věděl o všem, co je božské, na co zapomněl
But this was only a moment that flashed before him
Ale to byl jen okamžik, který před ním probleskl
By the foot of the coconut-tree, Siddhartha collapsed
U paty kokosového stromu se Siddhártha zhroutil
he was struck down by tiredness
srazila ho únava
mumbling "Om", he placed his head on the root of the tree
zamumlal "Óm" položil hlavu na kořen stromu
and he fell into a deep sleep
a upadl do hlubokého spánku
Deep was his sleep, and without dreams
Jeho spánek byl hluboký a beze snů
for a long time he had not known such a sleep any more
takový spánek už dlouho nepoznal

When he woke up after many hours, he felt as if ten years had passed
Když se po mnoha hodinách probudil, měl pocit, jako by uplynulo deset let
he heard the water quietly flowing
slyšel, jak tiše teče voda
he did not know where he was
nevěděl, kde je
and he did not know who had brought him here
a nevěděl, kdo ho sem přivedl
he opened his eyes and looked with astonishment
otevřel oči a podíval se s úžasem
there were trees and the sky above him
nad ním byly stromy a nebe
he remembered where he was and how he got here
vzpomněl si, kde byl a jak se sem dostal
But it took him a long while for this
Ale trvalo mu to dlouho

the past seemed to him as if it had been covered by a veil
minulost se mu zdála, jako by byla zahalena závojem
infinitely distant, infinitely far away, infinitely meaningless
nekonečně vzdálený, nekonečně daleko, nekonečně nesmyslný
He only knew that his previous life had been abandoned
Věděl jen, že jeho předchozí život byl opuštěn
this past life seemed to him like a very old, previous incarnation
tento minulý život mu připadal jako velmi stará, předchozí inkarnace
this past life felt like a pre-birth of his present self
tento minulý život se cítil jako předzrození jeho současného já
full of disgust and wretchedness, he had intended to throw his life away
plný znechucení a ubohosti měl v úmyslu zahodit svůj život
he had come to his senses by a river, under a coconut-tree
přišel k rozumu u řeky, pod kokosovou palmou
the holy word "Om" was on his lips
svaté slovo „Óm" měl na rtech
he had fallen asleep and had now woken up
usnul a nyní se probudil
he was looking at the world as a new man
díval se na svět jako na nového člověka
Quietly, he spoke the word "Om" to himself
Tiše pro sebe pronesl slovo „Óm".
the "Om" he was speaking when he had fallen asleep
"Óm", které mluvil, když usnul
his sleep felt like nothing more than a long meditative recitation of "Om"
jeho spánek nepřipomínal nic jiného než dlouhou meditativní recitaci „Óm"
all his sleep had been a thinking of "Om"
celý jeho spánek byl myšlenka na "om"
a submergence and complete entering into "Om"
ponoření a kompletní vstup do "Óm"
a going into the perfected and completed

přechod do dokonalosti a dokončení
What a wonderful sleep this had been!
Jaký to byl nádherný spánek!
he had never before been so refreshed by sleep
ještě nikdy nebyl tak osvěžen spánkem
Perhaps, he really had died
Možná opravdu zemřel
maybe he had drowned and was reborn in a new body?
možná se utopil a znovuzrodil v novém těle?
But no, he knew himself and who he was
Ale ne, znal sám sebe a kdo je
he knew his hands and his feet
znal své ruce a nohy
he knew the place where he lay
znal místo, kde leží
he knew this self in his chest
znal toto já ve své hrudi
Siddhartha the eccentric, the weird one
Siddhártha, ten výstřední, ten zvláštní
but this Siddhartha was nevertheless transformed
ale tento Siddhártha byl přesto proměněn
he was strangely well rested and awake
byl kupodivu odpočatý a vzhůru
and he was joyful and curious
a byl veselý a zvědavý

Siddhartha straightened up and looked around
Siddhártha se napřímil a rozhlédl se
then he saw a person sitting opposite to him
pak uviděl člověka sedícího naproti němu
a monk in a yellow robe with a shaven head
mnich ve žlutém rouchu s oholenou hlavou
he was sitting in the position of pondering
seděl v pozici přemítající
He observed the man, who had neither hair on his head nor a beard

Pozoroval muže, který neměl ani vlasy na hlavě, ani vousy
he had not observed him for long when he recognised this monk
dlouho ho nepozoroval, když poznal tohoto mnicha
it was Govinda, the friend of his youth
byl to Govinda, přítel jeho mládí
Govinda, who had taken his refuge with the exalted Buddha
Govinda, který našel své útočiště u vznešeného Buddhy
Like Siddhartha, Govinda had also aged
Stejně jako Siddhártha i Govinda zestárnul
but his face still bore the same features
ale jeho tvář měla stále stejné rysy
his face still expressed zeal and faithfulness
jeho tvář stále vyjadřovala horlivost a věrnost
you could see he was still searching, but timidly
bylo vidět, že stále hledal, ale nesměle
Govinda sensed his gaze, opened his eyes, and looked at him
Govinda vycítil jeho pohled, otevřel oči a podíval se na něj
Siddhartha saw that Govinda did not recognise him
Siddhártha viděl, že ho Govinda nepoznal
Govinda was happy to find him awake
Govinda byl šťastný, že ho našel vzhůru
apparently, he had been sitting here for a long time
očividně tu seděl už dlouho
he had been waiting for him to wake up
čekal, až se probudí
he waited, although he did not know him
čekal, ačkoli ho neznal
"I have been sleeping" said Siddhartha
"Spal jsem," řekl Siddhártha
"How did you get here?"
"Jak ses sem dostal?"
"You have been sleeping" answered Govinda
"Spal jsi," odpověděl Govinda
"It is not good to be sleeping in such places"

"Není dobré spát na takových místech"
"snakes and the animals of the forest have their paths here"
"hadi a lesní zvířata zde mají své cesty"
"I, oh sir, am a follower of the exalted Gotama"
"Já, pane, jsem stoupencem vznešeného Gotamy"
"I was on a pilgrimage on this path"
"Byl jsem na pouti na této cestě"
"I saw you lying and sleeping in a place where it is dangerous to sleep"
"Viděl jsem tě ležet a spát na místě, kde je nebezpečné spát."
"Therefore, I sought to wake you up"
"Proto jsem se tě snažil probudit"
"but I saw that your sleep was very deep"
"Ale viděl jsem, že tvůj spánek byl velmi hluboký."
"so I stayed behind from my group"
"tak jsem zůstal pozadu ze své skupiny"
"and I sat with you until you woke up"
"a seděl jsem s tebou, dokud ses neprobudil"
"And then, so it seems, I have fallen asleep myself"
"A pak, jak se zdá, jsem sám usnul"
"I, who wanted to guard your sleep, fell asleep"
"Já, který jsem chtěl hlídat tvůj spánek, jsem usnul."
"Badly, I have served you"
"Špatně, sloužil jsem ti"
"tiredness had overwhelmed me"
"přemohla mě únava"
"But since you're awake, let me go to catch up with my brothers"
"Ale protože jsi vzhůru, nech mě jít dohonit své bratry."
"I thank you, Samana, for watching out over my sleep" spoke Siddhartha
"Děkuji ti, Samano, že jsi dohlížel na můj spánek," řekl Siddhártha
"You're friendly, you followers of the exalted one"
"Jste přátelští, vy stoupenci toho vznešeného"
"Now you may go to them"

"Teď k nim můžeš jít"
"I'm going, sir. May you always be in good health"
"Jdu, pane. Ať jste vždy v dobrém zdraví."
"I thank you, Samana"
"Děkuji, Samano"
Govinda made the gesture of a salutation and said "Farewell"
Govinda pozdravil a řekl „Sbohem"
"Farewell, Govinda" said Siddhartha
"Sbohem, Govindo," řekl Siddhártha
The monk stopped as if struck by lightning
Mnich se zastavil, jako by ho zasáhl blesk
"Permit me to ask, sir, from where do you know my name?"
"Dovolte, abych se zeptal, pane, odkud znáte mé jméno?"
Siddhartha smiled, "I know you, oh Govinda, from your father's hut"
Siddhártha se usmál: "Znám tě, ó Govindo, z chatrče tvého otce."
"and I know you from the school of the Brahmans"
"A znám tě ze školy Brahmanů"
"and I know you from the offerings"
"a znám tě z nabídek"
"and I know you from our walk to the Samanas"
"a znám tě z naší procházky do Samanas"
"and I know you from when you took refuge with the exalted one"
"A znám tě z doby, kdy jsi se uchýlil k vznešenému."
"You're Siddhartha," Govinda exclaimed loudly, "Now, I recognise you"
"Ty jsi Siddhártha," zvolal Govinda hlasitě, "Teď tě poznávám."
"I don't comprehend how I couldn't recognise you right away"
"Nechápu, jak jsem tě nemohl hned poznat."
"Siddhartha, my joy is great to see you again"
"Siddhártho, jsem rád, že tě znovu vidím"

"It also gives me joy, to see you again" spoke Siddhartha
"Také mě těší, že tě znovu vidím," řekl Siddhártha
"You've been the guard of my sleep"
"Byl jsi strážcem mého spánku"
"again, I thank you for this"
"ještě jednou ti za to děkuji"
"but I wouldn't have required any guard"
"ale nepotřeboval bych žádného hlídače"
"Where are you going to, oh friend?"
"Kam jdeš, příteli?"
"I'm going nowhere," answered Govinda
"Nikam nejdu," odpověděl Govinda
"We monks are always travelling"
"My mniši stále cestujeme"
"whenever it is not the rainy season, we move from one place to another"
"kdykoli není období dešťů, stěhujeme se z jednoho místa na druhé"
"we live according to the rules of the teachings passed on to us"
"žijeme podle pravidel učení, které nám bylo předáno"
"we accept alms, and then we move on"
"přijmeme almužnu a pak jdeme dál"
"It is always like this"
"Vždy je to takhle"
"But you, Siddhartha, where are you going to?"
"Ale ty, Siddhárto, kam jdeš?"
"for me it is as it is with you"
"pro mě je to jako s tebou"
"I'm going nowhere; I'm just travelling"
"Nikam nejdu, jen cestuji"
"I'm also on a pilgrimage"
"Jsem také na pouti"
Govinda spoke "You say you're on a pilgrimage, and I believe you"
Govinda promluvil: "Říkáš, že jsi na pouti, a já ti věřím"

"But, forgive me, oh Siddhartha, you do not look like a pilgrim"
"Ale odpusť mi, ó Siddhárto, nevypadáš jako poutník."
"You're wearing a rich man's garments"
"Máš na sobě šaty bohatého muže"
"you're wearing the shoes of a distinguished gentleman"
"máš boty váženého gentlemana"
"and your hair, with the fragrance of perfume, is not a pilgrim's hair"
"a tvé vlasy s vůní parfému nejsou vlasy poutníka"
"you do not have the hair of a Samana"
"nemáš vlasy Samany"
"you are right, my dear"
"máš pravdu, má drahá"
"you have observed things well"
"dobře jsi pozoroval věci"
"your keen eyes see everything"
"tvoje bystré oči vidí všechno"
"But I haven't said to you that I was a Samana"
"Ale neřekl jsem ti, že jsem byl Samana."
"I said I'm on a pilgrimage"
"Řekl jsem, že jsem na pouti"
"And so it is, I'm on a pilgrimage"
"A tak to je, jsem na pouti"
"You're on a pilgrimage" said Govinda
"Jsi na pouti," řekl Govinda
"But few would go on a pilgrimage in such clothes"
"Ale jen málokdo by šel na pouť v takovém oblečení"
"few would pilger in such shoes"
"málokdo by putoval v takových botách"
"and few pilgrims have such hair"
"a jen málo poutníků má takové vlasy"
"I have never met such a pilgrim"
"Nikdy jsem nepotkal takového poutníka"
"and I have been a pilgrim for many years"
"a jsem poutníkem po mnoho let"

"I believe you, my dear Govinda"
"Věřím ti, můj drahý Govindo"
"But now, today, you've met a pilgrim just like this"
"Ale teď, dnes, jsi potkal poutníka, jako je tento."
"a pilgrim wearing these kinds of shoes and garment"
"poutník nosící tyto druhy obuvi a oděvu"
"Remember, my dear, the world of appearances is not eternal"
"Pamatuj, má drahá, svět zdání není věčný."
"our shoes and garments are anything but eternal"
"naše boty a oděvy jsou všechno, jen ne věčné"
"our hair and bodies are not eternal either"
"Ani naše vlasy a těla nejsou věčné"
I'm wearing a rich man's clothes"
Mám na sobě šaty bohatého muže"
"you've seen this quite right"
"Viděl jsi to docela dobře"
"I'm wearing them, because I have been a rich man"
"Nosím je, protože jsem byl bohatý muž"
"and I'm wearing my hair like the worldly and lustful people"
"a nosím vlasy jako světští a chtiví lidé"
"because I have been one of them"
"protože jsem byl jedním z nich"
"And what are you now, Siddhartha?" Govinda asked
"A co jsi teď, Siddhárto?" zeptal se Govinda
"I don't know it, just like you"
"Nevím, stejně jako ty"
"I was a rich man, and now I am not a rich man anymore"
"Byl jsem bohatý muž a teď už nejsem bohatý muž"
"and what I'll be tomorrow, I don't know"
"a čím budu zítra, nevím"
"You've lost your riches?" asked Govinda
"Přišel jsi o své bohatství?" zeptal se Govinda
"I've lost my riches, or they have lost me"
"Přišel jsem o své bohatství, nebo oni ztratili mě"

"My riches somehow happened to slip away from me"
"Moje bohatství mi nějak náhodou uteklo"
"The wheel of physical manifestations is turning quickly, Govinda"
"Kolo fyzických projevů se rychle otáčí, Govindo"
"Where is Siddhartha the Brahman?"
"Kde je Siddhártha Brahman?"
"Where is Siddhartha the Samana?"
"Kde je Siddhártha Samana?"
"Where is Siddhartha the rich man?"
"Kde je Siddhártha bohatý muž?"
"Non-eternal things change quickly, Govinda, you know it"
"Nevěčné věci se rychle mění, Govindo, víš to"
Govinda looked at the friend of his youth for a long time
Govinda se dlouho díval na přítele svého mládí
he looked at him with doubt in his eyes
podíval se na něj s pochybami v očích
After that, he gave him the salutation which one would use on a gentleman
Potom mu dal pozdrav, který by se dal použít na gentlemana
and he went on his way, and continued his pilgrimage
a šel svou cestou a pokračoval ve své pouti
With a smiling face, Siddhartha watched him leave
Siddhártha se s úsměvem na tváři díval, jak odchází
he loved him still, this faithful, fearful man
stále ho miloval, tohoto věrného, ustrašeného muže
how could he not have loved everybody and everything in this moment?
jak by mohl v tuto chvíli nemilovat všechny a všechno?
in the glorious hour after his wonderful sleep, filled with Om!
ve slavné hodině po jeho nádherném spánku, naplněném Óm!
The enchantment, which had happened inside of him in his sleep
Okouzlení, které se v něm odehrálo ve spánku
this enchantment was everything that he loved

toto kouzlo bylo vším, co miloval
he was full of joyful love for everything he saw
byl plný radostné lásky ke všemu, co viděl
exactly this had been his sickness before
přesně tohle byla jeho nemoc předtím
he had not been able to love anybody or anything
nebyl schopen milovat nikoho a nic
With a smiling face, Siddhartha watched the leaving monk
Siddhártha s úsměvem na tváři pozoroval odcházejícího mnicha

The sleep had strengthened him a lot
Spánek ho hodně posílil
but hunger gave him great pain
ale hlad mu způsobil velkou bolest
by now he had not eaten for two days
teď už dva dny nejedl
the times were long past when he could resist such hunger
dávno minulé časy, kdy dokázal odolat takovému hladu
With sadness, and yet also with a smile, he thought of that time
Se smutkem, ale také s úsměvem na tu dobu myslel
In those days, so he remembered, he had boasted of three things to Kamala
V těch dnech, jak si pamatoval, se Kamale chlubil třemi věcmi
he had been able to do three noble and undefeatable feats
dokázal udělat tři vznešené a neporazitelné činy
he was able to fast, wait, and think
dokázal se postit, čekat a přemýšlet
These had been his possessions; his power and strength
To byl jeho majetek; jeho moc a síla
in the busy, laborious years of his youth, he had learned these three feats
v rušných, namáhavých letech svého mládí se naučil tyto tři činy
And now, his feats had abandoned him

A teď ho jeho výkony opustily
none of his feats were his any more
žádný z jeho výkonů už nebyl jeho
neither fasting, nor waiting, nor thinking
ani půst, ani čekání, ani myšlení
he had given them up for the most wretched things
vzdal se jich kvůli těm nejubožejším věcem
what is it that fades most quickly?
co mizí nejrychleji?
sensual lust, the good life, and riches!
smyslný chtíč, dobrý život a bohatství!
His life had indeed been strange
Jeho život byl skutečně zvláštní
And now, so it seemed, he had really become a childlike person
A teď, jak se zdálo, se z něj skutečně stal dětský člověk
Siddhartha thought about his situation
Siddhártha přemýšlel o své situaci
Thinking was hard for him now
Přemýšlení pro něj teď bylo těžké
he did not really feel like thinking
opravdu neměl chuť přemýšlet
but he forced himself to think
ale donutil se přemýšlet
"**all these most easily perishing things have slipped from me**"
"Všechny tyto nejsnadněji se kazící věci mi vyklouzly"
"**again, now I'm standing here under the sun**"
"opět, teď tu stojím pod sluncem"
"**I am standing here just like a little child**"
"Stojím tady jako malé dítě"
"**nothing is mine, I have no abilities**"
"Nic není moje, nemám žádné schopnosti"
"**there is nothing I could bring about**"
"není nic, co bych mohl přinést"
"**I have learned nothing from my life**"

"Ve svém životě jsem se nic nenaučil"
"How wondrous all of this is!"
"Jak je to všechno úžasné!"
"it's wondrous that I'm no longer young"
"Je úžasné, že už nejsem mladý"
"my hair is already half gray and my strength is fading"
"Moje vlasy jsou už napůl šedé a moje síla mizí"
"and now I'm starting again at the beginning, as a child!"
"a teď začínám znovu od začátku, jako dítě!"
Again, he had to smile to himself
Znovu se musel pro sebe usmát
Yes, his fate had been strange!
Ano, jeho osud byl zvláštní!
Things were going downhill with him
Věci s ním šly z kopce
and now he was again facing the world naked and stupid
a teď znovu čelil světu nahý a hloupý
But he could not feel sad about this
Ale nemohl být kvůli tomu smutný
no, he even felt a great urge to laugh
ne, dokonce cítil velkou potřebu se smát
he felt an urge to laugh about himself
cítil nutkání zasmát se sám sobě
he felt an urge to laugh about this strange, foolish world
cítil nutkání smát se tomuto podivnému, pošetilému světu
"Things are going downhill with you!" he said to himself
"S tebou to jde z kopce!" řekl si pro sebe
and he laughed about his situation
a smál se své situaci
as he was saying it he happened to glance at the river
když to říkal, náhodou se podíval na řeku
and he also saw the river going downhill
a také viděl, jak řeka klesá z kopce
it was singing and being happy about everything
bylo to zpívání a radost ze všeho
He liked this, and kindly he smiled at the river

Líbilo se mu to a laskavě se usmál na řeku
Was this not the river in which he had intended to drown himself?
Nebyla to řeka, ve které se chtěl utopit?
in past times, a hundred years ago
v dobách minulých, před sto lety
or had he dreamed this?
nebo se mu to zdálo?
"Wondrous indeed was my life" he thought
"Můj život byl opravdu úžasný," pomyslel si
"my life has taken wondrous detours"
"můj život nabral úžasné okliky"
"As a boy, I only dealt with gods and offerings"
"Jako chlapec jsem jednal pouze s bohy a oběťmi"
"As a youth, I only dealt with asceticism"
"Jako mládí jsem se zabýval pouze asketismem"
"I spent my time in thinking and meditation"
"Strávil jsem čas přemýšlením a meditací"
"I was searching for Brahman
„Hledal jsem Brahman
"and I worshipped the eternal in the Atman"
"a uctíval jsem věčné v Átmanu"
"But as a young man, I followed the penitents"
"Ale jako mladý muž jsem následoval kajícníky"
"I lived in the forest and suffered heat and frost"
"Žil jsem v lese a trpěl jsem horkem a mrazem"
"there I learned how to overcome hunger"
"tam jsem se naučil, jak překonat hlad"
"and I taught my body to become dead"
"a naučil jsem své tělo stát se mrtvým"
"Wonderfully, soon afterwards, insight came towards me"
"Nádherně, brzy poté ke mně přišel vhled"
"insight in the form of the great Buddha's teachings"
"vhled ve formě učení velkého Buddhy"
"I felt the knowledge of the oneness of the world"
"Cítil jsem poznání jednoty světa"

"I felt it circling in me like my own blood"
"Cítil jsem, jak to ve mně krouží jako moje vlastní krev"
"But I also had to leave Buddha and the great knowledge"
"Ale také jsem musel opustit Buddhu a velké vědění"
"I went and learned the art of love with Kamala"
"Šel jsem a naučil jsem se umění lásky s Kamalou"
"I learned trading and business with Kamaswami"
"Naučil jsem se obchodovat a obchodovat s Kamaswami"
"I piled up money, and wasted it again"
"Nashromáždil jsem peníze a zase je utratil"
"I learned to love my stomach and please my senses"
"Naučil jsem se milovat svůj žaludek a potěšit své smysly"
"I had to spend many years losing my spirit"
"Musel jsem strávit mnoho let ztrátou ducha"
"and I had to unlearn thinking again"
"a musel jsem se znovu odnaučit myslet"
"there I had forgotten the oneness"
"tam jsem zapomněl na jednotu"
"Isn't it just as if I had turned slowly from a man into a child"?
"Není to, jako bych se pomalu proměnil z muže v dítě"?
"from a thinker into a childlike person"
"z myslitele v dětského člověka"
"And yet, this path has been very good"
"A přesto byla tato cesta velmi dobrá"
"and yet, the bird in my chest has not died"
"a přesto pták v mé hrudi nezemřel"
"what a path has this been!"
"Jaká to byla cesta!"
"I had to pass through so much stupidity"
"Musel jsem projít tolika hloupostmi"
"I had to pass through so much vice"
"Musel jsem projít tolika neřestmi"
"I had to make so many errors"
"Musel jsem udělat tolik chyb"
"I had to feel so much disgust and disappointment"

"Musel jsem cítit tolik znechucení a zklamání"
"I had to do all this to become a child again"
"Tohle všechno jsem musel udělat, abych se znovu stal dítětem"
"and then I could start over again"
"a pak bych mohl začít znovu"
"But it was the right way to do it"
"Ale byl to správný způsob, jak to udělat"
"my heart says yes to it and my eyes smile to it"
"Moje srdce tomu říká ano a mé oči se tomu usmívají"
"I've had to experience despair"
"Musel jsem zažít zoufalství"
"I've had to sink down to the most foolish of all thoughts"
"Musel jsem se ponořit do té nejhloupější ze všech myšlenek"
"I've had to think to the thoughts of suicide"
"Musel jsem myslet na sebevraždu"
"only then would I be able to experience divine grace"
"jen tak budu moci zažít Boží milost"
"only then could I hear Om again"
"Teprve pak jsem mohl znovu slyšet Om"
"only then would I be able to sleep properly and awake again"
"Teprve pak budu moci pořádně spát a znovu se probudit"
"I had to become a fool, to find Atman in me again"
"Musel jsem se stát bláznem, abych v sobě znovu našel Átmana"
"I had to sin, to be able to live again"
"Musel jsem zhřešit, abych mohl znovu žít"
"Where else might my path lead me to?"
"Kam jinam by mě moje cesta mohla zavést?"
"It is foolish, this path, it moves in loops"
"Je to pošetilé, tato cesta se pohybuje ve smyčkách"
"perhaps it is going around in a circle"
"možná to jde v kruhu"
"Let this path go where it likes"
"Nechte tuto cestu jít, kam se jí zlíbí"

"where ever this path goes, I want to follow it"
"Kamkoliv tato cesta vede, chci po ní jít"
he felt joy rolling like waves in his chest
cítil radost, která se mu v hrudi valila jako vlny
he asked his heart, "from where did you get this happiness?"
zeptal se svého srdce, "odkud máš to štěstí?"
"does it perhaps come from that long, good sleep?"
"Pochází to snad z toho dlouhého, dobrého spánku?"
"the sleep which has done me so much good"
"spánek, který mi udělal tolik dobře"
"or does it come from the word Om, which I said?"
"nebo to pochází ze slova Óm, které jsem řekl?"
"Or does it come from the fact that I have escaped?"
"Nebo to pochází ze skutečnosti, že jsem utekl?"
"does this happiness come from standing like a child under the sky?"
"Pochází toto štěstí z toho, že stojím jako dítě pod nebem?"
"Oh how good is it to have fled"
"Ach, jak je dobré uprchnout"
"it is great to have become free!"
"Je skvělé být svobodný!"
"How clean and beautiful the air here is"
"Jak čistý a krásný je tady vzduch"
"the air is good to breath"
"vzduch je dobrý k dýchání"
"where I ran away from everything smelled of ointments"
"kde jsem utekl od všeho vonělo mastmi"
"spices, wine, excess, sloth"
"koření, víno, přebytek, lenost"
"How I hated this world of the rich"
"Jak jsem nenáviděl tento svět bohatých"
"I hated those who revel in fine food and the gamblers!"
"Nenáviděl jsem ty, kteří si libují v dobrém jídle, a hazardní hráče!"
"I hated myself for staying in this terrible world for so long!

„Nenáviděl jsem se za to, že jsem v tomto hrozném světě zůstal tak dlouho!

"I have deprived, poisoned, and tortured myself"
"Připravil jsem se, otrávil a mučil jsem se"
"I have made myself old and evil!"
"Stal jsem se starým a zlým!"
"No, I will never again do the things I liked doing so much"
"Ne, už nikdy nebudu dělat věci, které jsem tak rád dělal"
"I won't delude myself into thinking that Siddhartha was wise!"
"Nebudu si namlouvat, že Siddhártha byl moudrý!"
"But this one thing I have done well"
"Ale tuhle jednu věc jsem udělal dobře"
"this I like, this I must praise"
"to se mi líbí, to musím pochválit"
"I like that there is now an end to that hatred against myself"
"Líbí se mi, že teď je konec té nenávisti vůči mně samému"
"there is an end to that foolish and dreary life!"
"Ten pošetilý a ponurý život je konec!"
"I praise you, Siddhartha, after so many years of foolishness"
"Chválím tě, Siddhártho, po tolika letech bláznovství."
"you have once again had an idea"
"zase jsi měl nápad"
"you have heard the bird in your chest singing"
"Slyšel jsi zpívat ptáka ve své hrudi"
"and you followed the song of the bird!"
"a následoval jsi ptačí zpěv!"
with these thoughts he praised himself
těmito myšlenkami se chválil
he had found joy in himself again
znovu v sobě našel radost
he listened curiously to his stomach rumbling with hunger
zvědavě poslouchal, jak mu v žaludku kručí hlady
he had tasted and spat out a piece of suffering and misery
okusil a vyplivl kus utrpení a bídy
in these recent times and days, this is how he felt

v těchto nedávných časech a dnech se tak cítil
he had devoured it up to the point of desperation and death
hltal to až k zoufalství a smrti
how everything had happened was good
jak se všechno stalo, bylo dobré
he could have stayed with Kamaswami for much longer
mohl zůstat s Kamaswami mnohem déle
he could have made more money, and then wasted it
mohl vydělat více peněz a pak je promrhat
he could have filled his stomach and let his soul die of thirst
mohl si naplnit žaludek a nechat svou duši zemřít žízní
he could have lived in this soft upholstered hell much longer
mohl žít v tomto měkkém čalouněném pekle mnohem déle
if this had not happened, he would have continued this life
kdyby se to nestalo, pokračoval by v tomto životě
the moment of complete hopelessness and despair
okamžik naprosté beznaděje a zoufalství
the most extreme moment when he hung over the rushing waters
nejextrémnější okamžik, kdy visel nad zurčícími vodami
the moment he was ready to destroy himself
ve chvíli, kdy byl připraven se zničit
the moment he had felt this despair and deep disgust
ve chvíli, kdy pocítil toto zoufalství a hluboké znechucení
he had not succumbed to it
nepodlehl tomu
the bird was still alive after all
pták byl nakonec stále naživu
this was why he felt joy and laughed
proto cítil radost a smál se
this was why his face was smiling brightly under his hair
proto se jeho tvář pod vlasy zářivě usmívala
his hair which had now turned gray
jeho vlasy, které nyní zešedivěly

"It is good," he thought, **"to get a taste of everything for oneself"**
"Je dobré," pomyslel si, "ochutnat všechno na vlastní kůži"
"everything which one needs to know"
"vše, co člověk potřebuje vědět"
"lust for the world and riches do not belong to the good things"
"chtíč po světě a bohatství nepatří k dobrým věcem"
"I have already learned this as a child"
"Už jsem se to naučil jako dítě"
"I have known it for a long time"
"Vím to už dlouho"
"but I hadn't experienced it until now"
"ale doteď jsem to nezažil"
"And now that I I've experienced it I know it"
"A teď, když jsem to zažil, vím to"
"I don't just know it in my memory, but in my eyes, heart, and stomach"
"Nevím to jen ve své paměti, ale ve svých očích, srdci a žaludku."
"it is good for me to know this!"
"Je dobré, že to vím!"

For a long time, he pondered his transformation
Dlouho přemýšlel o své proměně
he listened to the bird, as it sang for joy
poslouchal ptáčka, jak pro radost zpíval
Had this bird not died in him?
Nezemřel v něm tento pták?
had he not felt this bird's death?
necítil smrt tohoto ptáka?
No, something else from within him had died
Ne, zemřelo v něm něco jiného
something which yearned to die had died
něco, co toužilo zemřít, zemřelo
Was it not this that he used to intend to kill?

Nebylo to právě to, co měl v úmyslu zabít?
Was it not his his small, frightened, and proud self that had died?
Nebylo to jeho malé, vyděšené a hrdé já, které zemřelo?
he had wrestled with his self for so many years
tolik let zápasil sám se sebou
the self which had defeated him again and again
já, které ho znovu a znovu poráželo
the self which was back again after every killing
já, které se po každém zabití vrátilo
the self which prohibited joy and felt fear?
já, které zakazovalo radost a pociťovalo strach?
Was it not this self which today had finally come to its death?
Nebylo to toto já, které dnes konečně zemřelo?
here in the forest, by this lovely river
tady v lese, u této krásné řeky
Was it not due to this death, that he was now like a child?
Nebylo to kvůli této smrti, že teď byl jako dítě?
so full of trust and joy, without fear
tak plný důvěry a radosti, beze strachu
Now Siddhartha also got some idea of why he had fought this self in vain
Nyní Siddhártha také získal určitou představu o tom, proč s tímto já marně bojoval
he knew why he couldn't fight his self as a Brahman
věděl, proč nemůže bojovat proti sobě jako Brahman
Too much knowledge had held him back
Zdrželo ho příliš mnoho znalostí
too many holy verses, sacrificial rules, and self-castigation
příliš mnoho svatých veršů, obětních pravidel a sebeobviňování
all these things held him back
všechny tyto věci ho zdržely
so much doing and striving for that goal!
tolik práce a úsilí o tento cíl!

he had been full of arrogance
byl plný arogance
he was always the smartest
byl vždy nejchytřejší
he was always working the most
vždy pracoval nejvíc
he had always been one step ahead of all others
vždy byl o krok napřed před všemi ostatními
he was always the knowing and spiritual one
byl vždy tím vědoucím a duchovním
he was always considered the priest or wise one
byl vždy považován za kněze nebo za moudrého
his self had retreated into being a priest, arrogance, and spirituality
jeho já se stáhlo do kněze, arogance a spiritualita
there it sat firmly and grew all this time
celou tu dobu pevně seděl a rostl
and he had thought he could kill it by fasting
a myslel si, že by to mohl zabít půstem
Now he saw his life as it had become
Nyní viděl svůj život takový, jaký se stal
he saw that the secret voice had been right
viděl, že tajný hlas měl pravdu
no teacher would ever have been able to bring about his salvation
žádný učitel by nikdy nebyl schopen dosáhnout jeho spasení
Therefore, he had to go out into the world
Proto musel do světa
he had to lose himself to lust and power
musel se ztratit chtíči a moci
he had to lose himself to women and money
musel se ztratit kvůli ženám a penězům
he had to become a merchant, a dice-gambler, a drinker
musel se stát obchodníkem, hazardním hráčem v kostky, pijákem
and he had to become a greedy person

a musel se stát chamtivým člověkem
he had to do this until the priest and Samana in him was dead
musel to dělat, dokud kněz a Samana v něm nezemřeli
Therefore, he had to continue bearing these ugly years
Musel proto nadále snášet tato ošklivá léta
he had to bear the disgust and the teachings
musel snést hnus a učení
he had to bear the pointlessness of a dreary and wasted life
musel snášet zbytečnost bezútěšného a promarněného života
he had to conclude it up to its bitter end
musel to dotáhnout do hořkého konce
he had to do this until Siddhartha the lustful could also die
musel to udělat, dokud Siddhártha chtíč také nemohl zemřít
He had died and a new Siddhartha had woken up from the sleep
Zemřel a nový Siddhártha se probudil ze spánku
this new Siddhartha would also grow old
tento nový Siddhártha také zestárne
he would also have to die eventually
nakonec by také musel zemřít
Siddhartha was still mortal, as is every physical form
Siddhártha byl stále smrtelný, stejně jako každá fyzická podoba
But today he was young and a child and full of joy
Ale dnes byl mladý a dítě a plný radosti
He thought these thoughts to himself
Myslel si tyto myšlenky pro sebe
he listened with a smile to his stomach
poslouchal s úsměvem až do žaludku
he listened gratefully to a buzzing bee
vděčně naslouchal bzučící včele
Cheerfully, he looked into the rushing river
Vesele se podíval do zurčící řeky
he had never before liked a water as much as this one
nikdy předtím neměl rád vodu tak jako tuto

he had never before perceived the voice so stronger
nikdy předtím nevnímal ten hlas tak silněji
he had never understood the parable of the moving water so strongly
nikdy nerozuměl podobenství o pohybující se vodě tak silně
he had never before noticed how beautifully the river moved
nikdy předtím si nevšiml, jak krásně se řeka pohybuje
It seemed to him, as if the river had something special to tell him
Zdálo se mu, jako by mu řeka chtěla říct něco zvláštního
something he did not know yet, which was still awaiting him
něco, co ještě neznal, co ho teprve čekalo
In this river, Siddhartha had intended to drown himself
V této řece měl Siddhártha v úmyslu se utopit
in this river the old, tired, desperate Siddhartha had drowned today
v této řece se dnes utopil starý, unavený, zoufalý Siddhártha
But the new Siddhartha felt a deep love for this rushing water
Ale nový Siddhártha cítil hlubokou lásku k této proudící vodě
and he decided for himself, not to leave it very soon
a rozhodl se sám pro sebe, že toho moc brzy neopustí

The Ferryman
Převozník

"By this river I want to stay," thought Siddhartha
"U této řeky chci zůstat," pomyslel si Siddhártha
"it is the same river which I have crossed a long time ago"
"Je to ta samá řeka, kterou jsem přešel už dávno"
"I was on my way to the childlike people"
"Byl jsem na cestě k dětským lidem"
"a friendly ferryman had guided me across the river"
"přátelský převozník mě vedl přes řeku"
"he is the one I want to go to"
"on je ten, ke kterému chci jít"
"starting out from his hut, my path led me to a new life"
"Začal jsem z jeho chatrče a moje cesta mě zavedla do nového života"
"a path which had grown old and is now dead"
"cesta, která zestárla a nyní je mrtvá"
"my present path shall also take its start there!"
"Tam také začíná moje současná cesta!"
Tenderly, he looked into the rushing water
Něžně pohlédl do proudící vody
he looked into the transparent green lines the water drew
podíval se do průhledných zelených čar, které nakreslila voda
the crystal lines of water were rich in secrets
křišťálové čáry vody byly bohaté na tajemství
he saw bright pearls rising from the deep
viděl jasné perly stoupající z hlubin
quiet bubbles of air floating on the reflecting surface
tiché bubliny vzduchu plovoucí na odrazné ploše
the blue of the sky depicted in the bubbles
modrá obloha zobrazená v bublinách
the river looked at him with a thousand eyes
řeka se na něj dívala tisíci očima
the river had green eyes and white eyes
řeka měla zelené oči a bílé oči

the river had crystal eyes and sky-blue eyes
řeka měla křišťálové oči a nebesky modré oči
he loved this water very much, it delighted him
velmi miloval tuto vodu, potěšila ho
he was grateful to the water
byl vodě vděčný
In his heart he heard the voice talking
V srdci slyšel hlas mluvit
"Love this water! Stay near it!"
"Miluj tuhle vodu! Drž se u ní!"
"Learn from the water!" his voice commanded him
"Učte se od vody!" přikázal mu jeho hlas
Oh yes, he wanted to learn from it
Ach ano, chtěl se z toho poučit
he wanted to listen to the water
chtěl poslouchat vodu
He who would understand this water's secrets
Ten, kdo by pochopil tajemství této vody
he would also understand many other things
pochopil by i mnoho dalších věcí
this is how it seemed to him
takhle se mu to zdálo
But out of all secrets of the river, today he only saw one
Ale ze všech tajemství řeky dnes viděl jen jedno
this secret touched his soul
toto tajemství se dotklo jeho duše
this water ran and ran, incessantly
tato voda tekla a tekla, bez ustání
the water ran, but nevertheless it was always there
voda tekla, ale přesto tam vždy byla
the water always, at all times, was the same
voda byla vždy, ve všech dobách, stejná
and at the same time it was new in every moment
a zároveň to bylo v každém okamžiku nové
he who could grasp this would be great
ten, kdo by to pochopil, by byl skvělý

but he didn't understand or grasp it
ale on tomu nerozuměl ani nerozuměl
he only felt some idea of it stirring
cítil jen nějakou představu o tom, jak se to hýbe
it was like a distant memory, a divine voices
bylo to jako vzdálená vzpomínka, božské hlasy

Siddhartha rose as the workings of hunger in his body became unbearable
Siddhártha vstal, když hlad v jeho těle začal být nesnesitelný
In a daze he walked further away from the city
V omámení odešel dál od města
he walked up the river along the path by the bank
šel po řece po cestě u břehu
he listened to the current of the water
naslouchal proudu vody
he listened to the rumbling hunger in his body
poslouchal dunící hlad ve svém těle
When he reached the ferry, the boat was just arriving
Když dorazil k trajektu, loď právě přijížděla
the same ferryman who had once transported the young Samana across the river
stejný převozník, který kdysi převážel mladou Samanu přes řeku
he stood in the boat and Siddhartha recognised him
stál ve člunu a Siddhártha ho poznal
he had also aged very much
také velmi zestárnul
the ferryman was astonished to see such an elegant man walking on foot
převozník byl ohromen, když viděl jít pěšky tak elegantního muže
"Would you like to ferry me over?" he asked
"Chtěl bys mě převézt?" zeptal se
he took him into his boat and pushed it off the bank
vzal ho do své lodi a odstrčil ji ze břehu

"It's a beautiful life you have chosen for yourself" the passenger spoke
"Je to krásný život, který sis vybral," řekl cestující
"It must be beautiful to live by this water every day"
"Musí být krásné žít každý den u této vody"
"and it must be beautiful to cruise on it on the river"
"a plavit se po ní po řece musí být krásné"
With a smile, the man at the oar moved from side to side
Muž u vesla se s úsměvem pohyboval ze strany na stranu
"It is as beautiful as you say, sir"
"Je to tak krásné, jak říkáte, pane."
"But isn't every life and all work beautiful?"
"Ale není každý život a každá práce krásná?"
"This may be true" replied Siddhartha
"To může být pravda," odpověděl Siddhártha
"But I envy you for your life"
"Ale závidím ti tvůj život"
"Ah, you would soon stop enjoying it"
"Ach, brzy by tě to přestalo bavit"
"This is no work for people wearing fine clothes"
"Tohle není práce pro lidi, kteří nosí pěkné oblečení"
Siddhartha laughed at the observation
Siddhártha se tomu pozorování zasmál
"Once before, I have been looked upon today because of my clothes"
"Kdysi předtím se na mě dnes dívali kvůli mému oblečení"
"I have been looked upon with distrust"
"Bylo na mě pohlíženo s nedůvěrou"
"they are a nuisance to me"
"jsou mi na obtíž"
"Wouldn't you, ferryman, like to accept these clothes"
"Nechtěl byste, převozníku, přijmout tyto šaty?"
"because you must know, I have no money to pay your fare"
"Protože to musíš vědět, nemám peníze na zaplacení tvého jízdného"
"You're joking, sir," the ferryman laughed

"To si děláte legraci, pane," zasmál se převozník
"I'm not joking, friend"
"Nedělám si srandu, příteli"
"once before you have ferried me across this water in your boat"
"jednou předtím jsi mě převezl přes tuto vodu na své lodi"
"you did it for the immaterial reward of a good deed"
"udělal jsi to pro nemateriální odměnu za dobrý skutek"
"ferry me across the river and accept my clothes for it"
"převeď mě přes řeku a přijmi za to moje oblečení"
"And do you, sir, intent to continue travelling without clothes?"
"A máte v úmyslu, pane, pokračovat v cestě bez oblečení?"
"Ah, most of all I wouldn't want to continue travelling at all"
"Ach, hlavně bych vůbec nechtěl pokračovat v cestování"
"I would rather you gave me an old loincloth"
"Byl bych raději, kdybys mi dal starou bederní roušku"
"I would like it if you kept me with you as your assistant"
"Byl bych rád, kdyby sis mě nechal u sebe jako svého asistenta."
"or rather, I would like if you accepted me as your trainee"
"nebo spíš bych byl rád, kdybys mě přijal jako svého praktikanta"
"because first I'll have to learn how to handle the boat"
"protože nejdřív se budu muset naučit zacházet s lodí"
For a long time, the ferryman looked at the stranger
Převozník se na cizince dlouho díval
he was searching in his memory for this strange man
hledal v paměti tohoto podivného muže
"Now I recognise you," he finally said
"Teď tě poznávám," řekl nakonec
"At one time, you've slept in my hut"
"Svého času jsi spal v mé chatě"
"this was a long time ago, possibly more than twenty years"
"to bylo dávno, možná více než dvacet let"
"and you've been ferried across the river by me"

"a já tě převezli přes řeku"
"that day we parted like good friends"
"Ten den jsme se rozešli jako dobří přátelé"
"Haven't you been a Samana?"
"Nebyl jsi Samana?"
"I can't think of your name anymore"
"Už mě nenapadá tvé jméno"
"My name is Siddhartha, and I was a Samana"
"Jmenuji se Siddhártha a byl jsem Samana"
"I had still been a Samana when you last saw me"
"Byl jsem stále Samana, když jsi mě naposledy viděl."
"So be welcome, Siddhartha. My name is Vasudeva"
"Tak buď vítán, Siddhártho. Jmenuji se Vasudeva."
"You will, so I hope, be my guest today as well"
"Doufám, že budeš dnes také mým hostem."
"and you may sleep in my hut"
"a můžeš spát v mé chýši"
"and you may tell me, where you're coming from"
"a můžeš mi říct, odkud přicházíš"
"and you may tell me why these beautiful clothes are such a nuisance to you"
"A můžeš mi říct, proč ti ty krásné šaty tak vadí."
They had reached the middle of the river
Dostali se do středu řeky
Vasudeva pushed the oar with more strength
Vasudeva zatlačil na veslo s větší silou
in order to overcome the current
aby překonal proud
He worked calmly, with brawny arms
Pracoval klidně, se svalnatými pažemi
his eyes were fixed in on the front of the boat
jeho oči byly upřeny na přední část lodi
Siddhartha sat and watched him
Siddhártha seděl a pozoroval ho
he remembered his time as a Samana
vzpomínal na dobu, kdy byl Samana

he remembered how love for this man had stirred in his heart
vzpomněl si, jak se v jeho srdci rozvířila láska k tomuto muži
Gratefully, he accepted Vasudeva's invitation
Vděčně přijal Vasudevovo pozvání
When they had reached the bank, he helped him to tie the boat to the stakes
Když dorazili ke břehu, pomohl mu přivázat loď ke kůlům
after this, the ferryman asked him to enter the hut
poté ho převozník požádal, aby vstoupil do chatrče
he offered him bread and water, and Siddhartha ate with eager pleasure
nabídl mu chléb a vodu a Siddhártha jedl s dychtivým potěšením
and he also ate with eager pleasure of the mango fruits Vasudeva offered him
as dychtivým potěšením jedl plody manga, které mu Vasudeva nabídl

Afterwards, it was almost the time of the sunset
Poté už byl skoro čas západu slunce
they sat on a log by the bank
seděli na kládě u banky
Siddhartha told the ferryman about where he originally came from
Siddhártha řekl převozníkovi, odkud původně přišel
he told him about his life as he had seen it today
vyprávěl mu o svém životě tak, jak ho viděl dnes
the way he had seen it in that hour of despair
tak, jak to viděl v té hodině zoufalství
the tale of his life lasted late into the night
příběh jeho života trval dlouho do noci
Vasudeva listened with great attention
Vasudeva naslouchal s velkou pozorností
Listening carefully, he let everything enter his mind
Pozorně naslouchal a nechal všechno vstoupit do své mysli

birthplace and childhood, all that learning
rodiště a dětství, všechno to učení
all that searching, all joy, all distress
všechno to hledání, všechna radost, všechna tíseň
This was one of the greatest virtues of the ferryman
To byla jedna z největších předností převozníka
like only a few, he knew how to listen
jako jen málokdo věděl, jak naslouchat
he did not have to speak a word
nemusel promluvit ani slovo
but the speaker sensed how Vasudeva let his words enter his mind
ale mluvčí vycítil, jak mu Vasudeva nechal vstoupit do mysli
his mind was quiet, open, and waiting
jeho mysl byla tichá, otevřená a čekala
he did not lose a single word
neztratil jediné slovo
he did not await a single word with impatience
nečekal netrpělivě jediné slovo
he did not add his praise or rebuke
svou pochvalu ani pokárání nepřidal
he was just listening, and nothing else
jen poslouchal a nic jiného
Siddhartha felt what a happy fortune it is to confess to such a listener
Siddhártha cítil, jaké je to šťastné štěstí přiznat se takovému posluchači
he felt fortunate to bury in his heart his own life
cítil štěstí, že ve svém srdci pohřbil svůj vlastní život
he buried his own search and suffering
pohřbil své vlastní hledání a utrpení
he told the tale of Siddhartha's life
vyprávěl příběh ze Siddhárthova života
when he spoke of the tree by the river
když mluvil o stromě u řeky
when he spoke of his deep fall

když mluvil o svém hlubokém pádu
when he spoke of the holy Om
když mluvil o svatém Ómovi
when he spoke of how he had felt such a love for the river
když mluvil o tom, jak cítil takovou lásku k řece
the ferryman listened to these things with twice as much attention
převozník poslouchal tyto věci s dvojnásobnou pozorností
he was entirely and completely absorbed by it
byl tím úplně a úplně pohlcen
he was listening with his eyes closed
poslouchal se zavřenýma očima
when Siddhartha fell silent a long silence occurred
když Siddhártha zmlkl, nastalo dlouhé ticho
then Vasudeva spoke "It is as I thought"
pak Vasudeva promluvil "Je to tak, jak jsem si myslel"
"The river has spoken to you"
"řeka k tobě promluvila"
"the river is your friend as well"
"řeka je i tvůj přítel"
"the river speaks to you as well"
"řeka k tobě také mluví"
"That is good, that is very good"
"To je dobré, to je velmi dobré"
"Stay with me, Siddhartha, my friend"
"Zůstaň se mnou, Siddhártho, příteli."
"I used to have a wife"
"Měl jsem ženu"
"her bed was next to mine"
"její postel byla vedle mé"
"but she has died a long time ago"
"ale zemřela už dávno"
"for a long time, I have lived alone"
"Dlouho jsem žil sám"
"Now, you shall live with me"
"Teď budeš bydlet se mnou"

"there is enough space and food for both of us"
"je tu dost místa a jídla pro nás oba"
"I thank you," said Siddhartha
"Děkuji ti," řekl Siddhártha
"I thank you and accept"
"Děkuji a přijímám"
"And I also thank you for this, Vasudeva"
"A také ti za to děkuji, Vasudevo"
"I thank you for listening to me so well"
"Děkuji, že mě tak dobře posloucháš"
"people who know how to listen are rare"
"Lidé, kteří vědí, jak naslouchat, jsou vzácní"
"I have not met a single person who knew it as well as you do"
"Nesetkal jsem se s jedinou osobou, která by to věděla tak dobře jako ty."
"I will also learn in this respect from you"
"V tomto ohledu se od vás také naučím"
"You will learn it," spoke Vasudeva
"Naučíš se to," řekl Vasudeva
"but you will not learn it from me"
"ale ode mě se to nenaučíš"
"The river has taught me to listen"
"Řeka mě naučila poslouchat"
"you will learn to listen from the river as well"
"naučíš se poslouchat i z řeky"
"It knows everything, the river"
"Ví všechno, řeka"
"everything can be learned from the river"
"všechno se dá naučit od řeky"
"See, you've already learned this from the water too"
"Vidíš, to už ses taky naučil z vody"
"you have learned that it is good to strive downwards"
"naučil jsi se, že je dobré směřovat dolů"
"you have learned to sink and to seek depth"
"naučil ses potopit a hledat hloubku"

"The rich and elegant Siddhartha is becoming an oarsman's servant"
"Bohatý a elegantní Siddhártha se stává sluhou veslaře"
"the learned Brahman Siddhartha becomes a ferryman"
"učený Brahman Siddhártha se stává převozníkem"
"this has also been told to you by the river"
"tohle ti také řekli u řeky"
"You'll learn the other thing from it as well"
"Dozvíš se z toho i další věc"
Siddhartha spoke after a long pause
Siddhártha promluvil po dlouhé odmlce
"What other things will I learn, Vasudeva?"
"Jaké další věci se naučím, Vasudevo?"
Vasudeva rose. "It is late," he said
Vasudeva vstal. "Je pozdě," řekl
and Vasudeva proposed going to sleep
a Vasudeva navrhl jít spát
"I can't tell you that other thing, oh friend"
"To další ti nemůžu říct, příteli"
"You'll learn the other thing, or perhaps you know it already"
"Naučíš se jinou věc, nebo to možná už víš."
"See, I'm no learned man"
"Vidíš, nejsem žádný učený člověk"
"I have no special skill in speaking"
"Nemám žádné zvláštní schopnosti mluvit"
"I also have no special skill in thinking"
"Také nemám žádné zvláštní schopnosti v myšlení"
"All I'm able to do is to listen and to be godly"
"Všechno, co dokážu, je poslouchat a být zbožný"
"I have learned nothing else"
"Nic jiného jsem se nenaučil"
"If I was able to say and teach it, I might be a wise man"
"Kdybych to dokázal říct a naučit, mohl bych být moudrý muž."
"but like this I am only a ferryman"

"ale takhle jsem jen převozník"
"and it is my task to ferry people across the river"
"a mým úkolem je převážet lidi přes řeku"
"I have transported many thousands of people"
"Převezl jsem mnoho tisíc lidí"
"and to all of them, my river has been nothing but an obstacle"
"a pro všechny z nich byla moje řeka jen překážkou"
"it was something that got in the way of their travels"
"Bylo to něco, co jim překáželo na cestách"
"they travelled to seek money and business"
"cestovali hledat peníze a obchod"
"they travelled for weddings and pilgrimages"
"cestovali na svatby a poutě"
"and the river was obstructing their path"
"a řeka jim bránila v cestě"
"the ferryman's job was to get them quickly across that obstacle"
"Úkolem převozníka bylo dostat je rychle přes tu překážku"
"But for some among thousands, a few, the river has stopped being an obstacle"
"Ale pro některé z tisíců, pro pár lidí přestala být řeka překážkou."
"they have heard its voice and they have listened to it"
"slyšeli jeho hlas a naslouchali mu"
"and the river has become sacred to them"
"a řeka se pro ně stala posvátnou"
"it become sacred to them as it has become sacred to me"
"Stalo se pro ně posvátným, jako se stalo posvátným pro mě"
"for now, let us rest, Siddhartha"
"Prozatím si odpočineme, Siddhárto"

Siddhartha stayed with the ferryman and learned to operate the boat
Siddhártha zůstal s převozníkem a naučil se ovládat loď

when there was nothing to do at the ferry, he worked with Vasudeva in the rice-field
když na přívozu nebylo co dělat, pracoval s Vasudevou na rýžovém poli
he gathered wood and plucked the fruit off the banana-trees
nasbíral dřevo a otrhal ovoce z banánovníků
He learned to build an oar and how to mend the boat
Naučil se stavět veslo a opravovat loď
he learned how to weave baskets and repaid the hut
naučil se plést košíky a splácel chýši
and he was joyful because of everything he learned
a byl šťastný ze všeho, co se naučil
the days and months passed quickly
dny a měsíce rychle ubíhaly
But more than Vasudeva could teach him, he was taught by the river
Ale víc, než ho mohl Vasudeva naučit, ho naučila řeka
Incessantly, he learned from the river
Neustále se učil od řeky
Most of all, he learned to listen
Hlavně se naučil naslouchat
he learned to pay close attention with a quiet heart
naučil se dávat pozor s tichým srdcem
he learned to keep a waiting, open soul
naučil se udržet čekající, otevřenou duši
he learned to listen without passion
naučil se poslouchat bez vášně
he learned to listen without a wish
naučil se poslouchat bez přání
he learned to listen without judgement
naučil se poslouchat bez posuzování
he learned to listen without an opinion
naučil se poslouchat bez názoru

In a friendly manner, he lived side by side with Vasudeva
Přátelsky žil bok po boku s Vasudevou

occasionally they exchanged some words
občas prohodili pár slov
then, at length, they thought about the words
pak dlouze přemýšleli o těch slovech
Vasudeva was no friend of words
Vasudeva nebyl přítelem slov
Siddhartha rarely succeeded in persuading him to speak
Siddhárthovi se ho jen zřídka podařilo přesvědčit, aby promluvil
"did you too learn that secret from the river?"
"Taky ses naučil to tajemství z řeky?"
"the secret that there is no time?"
"Tajemství, že není čas?"
Vasudeva's face was filled with a bright smile
Vasudevova tvář byla plná zářivého úsměvu
"Yes, Siddhartha," he spoke
"Ano, Siddhárto," řekl
"I learned that the river is everywhere at once"
"Dozvěděl jsem se, že řeka je všude najednou"
"it is at the source and at the mouth of the river"
"je u pramene a u ústí řeky"
"it is at the waterfall and at the ferry"
"je to u vodopádu a u trajektu"
"it is at the rapids and in the sea"
"je to v peřejích a v moři"
"it is in the mountains and everywhere at once"
"je v horách a všude najednou"
"and I learned that there is only the present time for the river"
"a dozvěděl jsem se, že pro řeku existuje pouze přítomný čas"
"it does not have the shadow of the past"
"nemá stín minulosti"
"and it does not have the shadow of the future"
"a nemá stín budoucnosti"
"is this what you mean?" he asked
"Tohle myslíš?" zeptal se

"This is what I meant," said Siddhartha
"To je to, co jsem měl na mysli," řekl Siddhártha
"And when I had learned it, I looked at my life"
"A když jsem se to naučil, podíval jsem se na svůj život"
"and my life was also a river"
"a můj život byla také řeka"
"the boy Siddhartha was only separated from the man Siddhartha by a shadow"
"chlapec Siddhártha byl od muže Siddhártha oddělen pouze stínem"
"and a shadow separated the man Siddhartha from the old man Siddhartha"
"a stín oddělil muže Siddhártha od starého muže Siddhártha"
"things are separated by a shadow, not by something real"
"věci jsou odděleny stínem, ne něčím skutečným"
"Also, Siddhartha's previous births were not in the past"
"Také Siddhárthova předchozí narození nebyla v minulosti"
"and his death and his return to Brahma is not in the future"
"a jeho smrt a jeho návrat do Brahmy není v budoucnosti"
"nothing was, nothing will be, but everything is"
"nic nebylo, nic nebude, ale všechno je"
"everything has existence and is present"
"všechno existuje a je přítomné"
Siddhartha spoke with ecstasy
Siddhártha mluvil s extází
this enlightenment had delighted him deeply
toto osvícení ho hluboce potěšilo
"was not all suffering time?"
"Nebyl to čas utrpení?"
"were not all forms of tormenting oneself a form of time?"
"Nebyly všechny formy trápení se časem?"
"was not everything hard and hostile because of time?"
"Nebylo všechno těžké a nepřátelské kvůli času?"
"is not everything evil overcome when one overcomes time?"
"Není všechno zlé přemoženo, když člověk přemůže čas?"
"as soon as time leaves the mind, does suffering leave too?"

"Jakmile čas opustí mysl, opustí i utrpení?"
Siddhartha had spoken in ecstatic delight
Siddhártha mluvil v extatické radosti
but Vasudeva smiled at him brightly and nodded in confirmation
ale Vasudeva se na něj zářivě usmál a přikývl na potvrzení
silently he nodded and brushed his hand over Siddhartha's shoulder
tiše přikývl a přejel rukou Siddhárthovi rameno
and then he turned back to his work
a pak se vrátil ke své práci

And Siddhartha asked Vasudeva again another time
A Siddhártha se Vasudeva zeptal znovu jindy
the river had just increased its flow in the rainy season
řeka právě zvýšila svůj průtok v období dešťů
and it made a powerful noise
a vydalo to mocný zvuk
"Isn't it so, oh friend, the river has many voices?"
"Není to tak, příteli, řeka má mnoho hlasů?"
"Hasn't it the voice of a king and of a warrior?"
"Není to hlas krále a válečníka?"
"Hasn't it the voice of of a bull and of a bird of the night?"
"Není to hlas býka a nočního ptáka?"
"Hasn't it the voice of a woman giving birth and of a sighing man?"
"Není to hlas rodící ženy a vzdychajícího muže?"
"and does it not also have a thousand other voices?"
"A nemá to také tisíc jiných hlasů?"
"it is as you say it is," Vasudeva nodded
"Je to tak, jak říkáš," přikývl Vasudeva
"all voices of the creatures are in its voice"
"všechny hlasy tvorů jsou v jeho hlase"
"And do you know..." Siddhartha continued
"A víš..." pokračoval Siddhárta

"what word does it speak when you succeed in hearing all of voices at once?"
"Jaké slovo to mluví, když se vám podaří slyšet všechny hlasy najednou?"
Happily, Vasudeva's face was smiling
Vasudevova tvář se naštěstí usmívala
he bent over to Siddhartha and spoke the holy Om into his ear
sklonil se k Siddhárthovi a řekl mu do ucha svaté Óm
And this had been the very thing which Siddhartha had also been hearing
A to bylo přesně to, co Siddhártha také slyšel

time after time, his smile became more similar to the ferryman's
čas od času se jeho úsměv podobal převozníkovu
his smile became almost just as bright as the ferryman's
jeho úsměv byl téměř stejně zářivý jako ten převozníkův
it was almost just as thoroughly glowing with bliss
skoro stejně důkladně zářil blahem
shining out of thousand small wrinkles
zářící z tisíce malých vrásek
just like the smile of a child
stejně jako úsměv dítěte
just like the smile of an old man
stejně jako úsměv starého muže
Many travellers, seeing the two ferrymen, thought they were brothers
Mnozí cestovatelé, kteří viděli oba převozníky, si mysleli, že jsou bratři
Often, they sat in the evening together by the bank
Často spolu večer seděli u banky
they said nothing and both listened to the water
neřekli nic a oba poslouchali vodu
the water, which was not water to them
voda, která pro ně nebyla vodou

it wasn't water, but the voice of life
nebyla to voda, ale hlas života
the voice of what exists and what is eternally taking shape
hlas toho, co existuje a co se věčně formuje
it happened from time to time that both thought of the same thing
čas od času se stalo, že oba mysleli na totéž
they thought of a conversation from the day before
mysleli na rozhovor z předchozího dne
they thought of one of their travellers
mysleli na jednoho ze svých cestovatelů
they thought of death and their childhood
mysleli na smrt a své dětství
they heard the river tell them the same thing
slyšeli, jak jim řeka říká totéž
both delighted about the same answer to the same question
oba potěšili stejnou odpovědí na stejnou otázku
There was something about the two ferrymen which was transmitted to others
Na těch dvou převoznících bylo něco, co bylo předáno ostatním
it was something which many of the travellers felt
bylo to něco, co mnozí cestující cítili
travellers would occasionally look at the faces of the ferrymen
cestovatelé se občas podívali do tváří převozníků
and then they told the story of their life
a pak vyprávěli příběh svého života
they confessed all sorts of evil things
přiznávali všelijaké zlé věci
and they asked for comfort and advice
a žádali o útěchu a radu
occasionally someone asked for permission to stay for a night
občas někdo požádal o povolení zůstat na noc
they also wanted to listen to the river

chtěli také poslouchat řeku
It also happened that curious people came
Stalo se také, že přišli zvědavci
they had been told that there were two wise men
bylo jim řečeno, že existují dva moudří muži
or they had been told there were two sorcerers
nebo jim bylo řečeno, že jsou tam dva čarodějové
The curious people asked many questions
Zvědaví lidé kladli mnoho otázek
but they got no answers to their questions
ale nedostali odpovědi na své otázky
they found neither sorcerers nor wise men
nenašli ani čaroděje, ani moudré muže
they only found two friendly little old men, who seemed to be mute
našli jen dva přátelské staré muže, kteří se zdáli němí
they seemed to have become a bit strange in the forest by themselves
zdálo se, že se v lese sami od sebe stali trochu divnými
And the curious people laughed about what they had heard
A zvědaví lidé se tomu, co slyšeli, smáli
they said common people were foolishly spreading empty rumours
říkali, že obyčejní lidé hloupě šíří prázdné fámy

The years passed by, and nobody counted them
Roky plynuly a nikdo je nepočítal
Then, at one time, monks came by on a pilgrimage
Pak najednou přišli mniši na pouť
they were followers of Gotama, the Buddha
byli stoupenci Gotamy, Buddhy
they asked to be ferried across the river
požádali o převoz přes řeku
they told them they were in a hurry to get back to their wise teacher

řekli jim, že spěchají, aby se vrátili ke svému moudrému učiteli

news had spread the exalted one was deadly sick
zpráva se rozšířila, ten vznešený byl smrtelně nemocný
he would soon die his last human death
brzy zemře svou poslední lidskou smrtí
in order to become one with the salvation
abychom se sjednotili se spásou
It was not long until a new flock of monks came
Netrvalo dlouho a přišlo nové hejno mnichů
they were also on their pilgrimage
byli také na své pouti
most of the travellers spoke of nothing other than Gotama
většina cestovatelů nemluvila o ničem jiném než o Gotamě
his impending death was all they thought about
mysleli jen na jeho blížící se smrt
if there had been war, just as many would travel
kdyby byla válka, stejně mnozí by cestovali
just as many would come to the coronation of a king
stejně jako mnozí by přišli ke korunovaci krále
they gathered like ants in droves
shromáždili se jako mravenci v houfech
they flocked, like being drawn onwards by a magic spell
hrnuli se, jako by je přitahovalo magické kouzlo
they went to where the great Buddha was awaiting his death
šli tam, kde velký Buddha očekával svou smrt
the perfected one of an era was to become one with the glory
dokonalou epochou se mělo stát jedno se slávou
Often, Siddhartha thought in those days of the dying wise man
Siddhártha v těch dnech často myslel na umírajícího moudrého muže
the great teacher whose voice had admonished nations
velký učitel, jehož hlas napomínal národy
the one who had awoken hundreds of thousands
ten, kdo probudil statisíce

a man whose voice he had also once heard
muž, jehož hlas také kdysi slyšel
a teacher whose holy face he had also once seen with respect
učitel, jehož svatou tvář také kdysi s úctou viděl
Kindly, he thought of him
Laskavě, myslel na něj
he saw his path to perfection before his eyes
před očima viděl svou cestu k dokonalosti
and he remembered with a smile those words he had said to him
a s úsměvem si vzpomněl na slova, která mu řekl
when he was a young man and spoke to the exalted one
když byl mladý a mluvil s vznešeným
They had been, so it seemed to him, proud and precious words
Byla to, jak se mu zdálo, hrdá a vzácná slova
with a smile, he remembered the the words
s úsměvem si na ta slova vzpomněl
he knew that there was nothing standing between Gotama and him any more
věděl, že mezi Gotamou a ním už nic nestojí
he had known this for a long time already
věděl to už dávno
though he was still unable to accept his teachings
ačkoli stále nebyl schopen přijmout jeho učení
there was no teaching a truly searching person
skutečně hledajícího člověka nebylo žádné učení
someone who truly wanted to find, could accept
někdo, kdo opravdu chtěl najít, mohl přijmout
But he who had found the answer could approve of any teaching
Ale ten, kdo našel odpověď, mohl schválit jakékoli učení
every path, every goal, they were all the same
každá cesta, každý cíl, všechny byly stejné
there was nothing standing between him and all the other thousands any more

mezi ním a všemi ostatními tisíci už nic nestálo
the thousands who lived in that what is eternal
tisíce, kteří žili v tom, co je věčné
the thousands who breathed what is divine
tisíce, kteří dýchali to, co je božské

On one of these days, Kamala also went to him
Jednoho z těchto dnů k němu šla i Kamala
she used to be the most beautiful of the courtesans
bývala nejkrásnější z kurtizán
A long time ago, she had retired from her previous life
Před dlouhou dobou odešla ze svého předchozího života
she had given her garden to the monks of Gotama as a gift
dala svou zahradu mnichům z Gotamy jako dar
she had taken her refuge in the teachings
našla útočiště v učení
she was among the friends and benefactors of the pilgrims
byla mezi přáteli a dobrodinci poutníků
she was together with Siddhartha, the boy
byla spolu se Siddhárthou, chlapcem
Siddhartha the boy was her son
Chlapec Siddhártha byl její syn
she had gone on her way due to the news of the near death of Gotama
vydala se na cestu kvůli zprávě o blízké smrti Gotamy
she was in simple clothes and on foot
byla v jednoduchém oblečení a chodila pěšky
and she was With her little son
a byla se svým malým synem
she was travelling by the river
cestovala po řece
but the boy had soon grown tired
ale chlapec byl brzy unavený
he desired to go back home
chtěl se vrátit domů
he desired to rest and eat

chtěl odpočívat a jíst
he became disobedient and started whining
stal se neposlušným a začal kňučet
Kamala often had to take a rest with him
Kamala si s ním často musela odpočinout
he was accustomed to getting what he wanted
byl zvyklý dostat, co chtěl
she had to feed him and comfort him
musela ho krmit a utěšit
she had to scold him for his behaviour
musela mu vynadat za jeho chování
He did not comprehend why he had to go on this exhausting pilgrimage
Nechápal, proč se musí vydat na tuto vyčerpávající pouť
he did not know why he had to go to an unknown place
nevěděl, proč musí jít neznámo kam
he did know why he had to see a holy dying stranger
věděl, proč musí vidět svatého umírajícího cizince
"So what if he died?" he complained
"Tak co když zemřel?" stěžoval si
why should this concern him?
proč by ho to mělo zajímat?
The pilgrims were getting close to Vasudeva's ferry
Poutníci se blížili k Vasudevovu trajektu
little Siddhartha once again forced his mother to rest
malý Siddhártha znovu donutil svou matku k odpočinku
Kamala had also become tired
Kamala byla také unavená
while the boy was chewing a banana, she crouched down on the ground
zatímco chlapec žvýkal banán, ona se přikrčila k zemi
she closed her eyes a bit and rested
trochu zavřela oči a odpočívala
But suddenly, she uttered a wailing scream
Najednou však vydala kvílivý výkřik
the boy looked at her in fear

chlapec se na ni vyděšeně podíval
he saw her face had grown pale from horror
viděl, jak její tvář hrůzou zbledla
and from under her dress, a small, black snake fled
a zpod jejích šatů utekl malý černý had
a snake by which Kamala had been bitten
had, kterým byla uštknuta Kamala
Hurriedly, they both ran along the path, to reach people
Oba se spěšně rozběhli po cestě, aby se dostali k lidem
they got near to the ferry and Kamala collapsed
dostali se blízko k trajektu a Kamala se zhroutila
she was not able to go any further
nemohla jít dál
the boy started crying miserably
chlapec začal žalostně plakat
his cries were only interrupted when he kissed his mother
jeho výkřiky byly přerušeny, až když políbil svou matku
she also joined his loud screams for help
přidala se také k jeho hlasitým výkřikům o pomoc
she screamed until the sound reached Vasudeva's ears
křičela, dokud se zvuk nedostal k Vasudevovým uším
Vasudeva quickly came and took the woman on his arms
Vasudeva rychle přišel a vzal ženu do náručí
he carried her into the boat and the boy ran along
odnesl ji do člunu a chlapec běžel s ním
soon they reached the hut, where Siddhartha stood by the stove
brzy dorazili do chatrče, kde stál Siddhártha u kamen
he was just lighting the fire
právě zapaloval oheň
He looked up and first saw the boy's face
Vzhlédl a nejprve uviděl chlapcovu tvář
it wondrously reminded him of something
úžasně mu to něco připomínalo
like a warning to remember something he had forgotten
jako varování, aby si vzpomněl na něco, co zapomněl

Then he saw Kamala, whom he instantly recognised
Pak uviděl Kamalu, kterou okamžitě poznal
she lay unconscious in the ferryman's arms
ležela v bezvědomí v náručí převozníka
now he knew that it was his own son
teď věděl, že je to jeho vlastní syn
his son whose face had been such a warning reminder to him
jeho syna, jehož tvář mu byla takovou varovnou připomínkou
and the heart stirred in his chest
a srdce se mu pohnulo v hrudi
Kamala's wound was washed, but had already turned black
Kamalina rána byla umytá, ale už zčernala
and her body was swollen
a její tělo bylo otekle
she was made to drink a healing potion
byla nucena pít léčivý lektvar
Her consciousness returned and she lay on Siddhartha's bed
Vrátilo se jí vědomí a ležela na Siddhárthově lůžku
Siddhartha stood over Kamala, who he used to love so much
Siddhártha stál nad Kamalou, kterou dříve tolik miloval
It seemed like a dream to her
Připadalo jí to jako sen
with a smile, she looked at her friend's face
s úsměvem se podívala na tvář svého přítele
slowly she realized her situation
pomalu si uvědomovala svou situaci
she remembered she had been bitten
vzpomněla si, že byla pokousána
and she timidly called for her son
a nesměle volala po synovi
"He's with you, don't worry," said Siddhartha
"Je s tebou, neboj se," řekl Siddhártha
Kamala looked into his eyes
Kamala se mu podívala do očí
She spoke with a heavy tongue, paralysed by the poison

Mluvila těžkým jazykem, paralyzována jedem
"You've become old, my dear," she said
"Zestárla jsi, má drahá," řekla
"you've become gray," she added
"zešedivíš," dodala
"But you are like the young Samana, who came without clothes"
"Ale ty jsi jako mladá Samana, která přišla bez šatů."
"you're like the Samana who came into my garden with dusty feet"
"Jsi jako Samana, která přišla do mé zahrady se zaprášenýma nohama"
"You are much more like him than you were when you left me"
"Jsi mu mnohem podobnější, než jsi byl, když jsi mě opustil."
"In the eyes, you're like him, Siddhartha"
"V očích jsi jako on, Siddhártho."
"Alas, I have also grown old"
"Běda, také jsem zestárnul"
"could you still recognise me?"
"mohl bys mě ještě poznat?"
Siddhartha smiled, "Instantly, I recognised you, Kamala, my dear"
Siddhártha se usmál: "Okamžitě jsem tě poznal, Kamalo, má drahá."
Kamala pointed to her boy
Kamala ukázala na svého chlapce
"Did you recognise him as well?"
"Taky jsi ho poznal?"
"He is your son," she confirmed
"Je to tvůj syn," potvrdila
Her eyes became confused and fell shut
Její oči byly zmatené a zavřené
The boy wept and Siddhartha took him on his knees
Chlapec plakal a Siddhártha ho vzal na kolena
he let him weep and petted his hair

nechal ho plakat a pohladil ho po vlasech
at the sight of the child's face, a Brahman prayer came to his mind
při pohledu na tvář dítěte mu na mysl přišla modlitba Brahman
a prayer which he had learned a long time ago
modlitbu, kterou se naučil už dávno
a time when he had been a little boy himself
v době, kdy sám byl malým chlapcem
Slowly, with a singing voice, he started to speak
Pomalu se zpěvným hlasem začal mluvit
from his past and childhood, the words came flowing to him
z minulosti a dětství k němu proudila slova
And with that song, the boy became calm
A s tou písní se chlapec uklidnil
he was only now and then uttering a sob
jen tu a tam pronesl vzlyk
and finally he fell asleep
a nakonec usnul
Siddhartha placed him on Vasudeva's bed
Siddhártha ho položil na Vasudevovu postel
Vasudeva stood by the stove and cooked rice
Vasudeva stál u sporáku a vařil rýži
Siddhartha gave him a look, which he returned with a smile
Siddhártha mu věnoval pohled, který mu s úsměvem opětoval
"She'll die," Siddhartha said quietly
"Zemře," řekl Siddhártha tiše
Vasudeva knew it was true, and nodded
Vasudeva věděl, že je to pravda, a přikývl
over his friendly face ran the light of the stove's fire
po jeho přátelské tváři přeběhlo světlo ohně kamen
once again, Kamala returned to consciousness
Kamala se znovu vrátila k vědomí
the pain of the poison distorted her face
bolest z jedu jí pokřivila tvář
Siddhartha's eyes read the suffering on her mouth

Siddhárthovy oči četly utrpení na jejích ústech
from her pale cheeks he could see that she was suffering
z jejích bledých tváří viděl, že trpí
Quietly, he read the pain in her eyes
Tiše četl bolest v jejích očích
attentively, waiting, his mind become one with her suffering
pozorně, vyčkávající, se jeho mysl sjednotí s jejím utrpením
Kamala felt it and her gaze sought his eyes
Kamala to ucítila a její pohled hledal jeho oči
Looking at him, she spoke
Při pohledu na něj promluvila
"Now I see that your eyes have changed as well"
"Teď vidím, že se změnily i tvé oči."
"They've become completely different"
"Stali se úplně jinými"
"what do I still recognise in you that is Siddhartha?
„Co v tobě stále poznávám, že je to Siddhártha?
"It's you, and it's not you"
"Jsi to ty a nejsi to ty"
Siddhartha said nothing, quietly his eyes looked at hers
Siddhártha neřekl nic, jeho oči se tiše podívaly na její
"You have achieved it?" she asked
"Dosáhl jsi toho?" zeptala se
"You have found peace?"
"Našel jsi mír?"
He smiled and placed his hand on hers
Usmál se a položil ruku na její
"I'm seeing it" she said
"Vidím to," řekla
"I too will find peace"
"I já najdu mír"
"You have found it," Siddhartha spoke in a whisper
"Našel jsi to," řekl Siddhártha šeptem
Kamala never stopped looking into his eyes
Kamala se mu nepřestávala dívat do očí
She thought about her pilgrimage to Gotama

Myslela na svou pouť do Gotamy
the pilgrimage which she wanted to take
pouť, kterou chtěla podniknout
in order to see the face of the perfected one
aby viděl tvář dokonalého
in order to breathe his peace
aby mohl dýchat jeho klid
but she had now found it in another place
ale teď ho našla na jiném místě
and this she thought that was good too
a to si také myslela, že je to dobré
it was just as good as if she had seen the other one
bylo to stejně dobré, jako kdyby viděla toho druhého
She wanted to tell this to him
Chtěla mu to říct
but her tongue no longer obeyed her will
ale její jazyk už neposlouchal její vůli
Without speaking, she looked at him
Beze slova se na něj podívala
he saw the life fading from her eyes
viděl, jak jí z očí mizí život
the final pain filled her eyes and made them grow dim
poslední bolest naplnila její oči a způsobila, že ztmavly
the final shiver ran through her limbs
poslední chvění jí proběhlo končetinami
his finger closed her eyelids
jeho prst zavřel její víčka

For a long time, he sat and looked at her peacefully dead face
Dlouhou dobu seděl a díval se na její pokojně mrtvou tvář
For a long time, he observed her mouth
Dlouhou dobu pozoroval její ústa
her old, tired mouth, with those lips, which had become thin
její stará, unavená ústa s těmi rty, které ztenčily

he remembered he used to compare this mouth with a freshly cracked fig
vzpomněl si, že tuto tlamu srovnával s čerstvě prasklým fíkem
this was in the spring of his years
bylo to na jaře jeho let
For a long time, he sat and read the pale face
Dlouhou dobu seděl a četl bledou tvář
he read the tired wrinkles
četl unavené vrásky
he filled himself with this sight
naplnil se tímto pohledem
he saw his own face in the same manner
viděl svou vlastní tvář stejným způsobem
he saw his face was just as white
viděl, že jeho tvář je stejně bílá
he saw his face was just as quenched out
viděl, že jeho tvář je stejně utlumená
at the same time he saw his face and hers being young
zároveň viděl, že jeho a její tvář jsou mladé
their faces with red lips and fiery eyes
jejich tváře s červenými rty a ohnivýma očima
the feeling of both being real at the same time
pocit, že jsou oba současně skuteční
the feeling of eternity completely filled every aspect of his being
pocit věčnosti zcela naplnil každý aspekt jeho bytí
in this hour he felt more deeply than than he had ever felt before
v tuto hodinu se cítil hlouběji než kdy předtím
he felt the indestructibility of every life
cítil nezničitelnost každého života
he felt the eternity of every moment
cítil věčnost každého okamžiku
When he rose, Vasudeva had prepared rice for him
Když vstal, Vasudeva pro něj připravil rýži
But Siddhartha did not eat that night

Ale Siddhártha té noci nejedl
In the stable their goat stood
Ve stáji stála jejich koza
the two old men prepared beds of straw for themselves
dva staříci si pro sebe připravili záhony slámy
Vasudeva laid himself down to sleep
Vasudeva se uložil ke spánku
But Siddhartha went outside and sat before the hut
Ale Siddhártha vyšel ven a posadil se před chýší
he listened to the river, surrounded by the past
poslouchal řeku, obklopenou minulostí
he was touched and encircled by all times of his life at the same time
byl dojat a obklíčen všemi dobami svého života zároveň
occasionally he rose and he stepped to the door of the hut
občas vstal a přistoupil ke dveřím chýše
he listened whether the boy was sleeping
poslouchal, zda chlapec spí

before the sun could be seen, Vasudeva came out of the stable
Než bylo vidět slunce, Vasudeva vyšel ze stáje
he walked over to his friend
přešel ke svému příteli
"You haven't slept," he said
"Nespal jsi," řekl
"No, Vasudeva. I sat here"
"Ne, Vasudevo. Seděl jsem tady."
"I was listening to the river"
"Poslouchal jsem řeku"
"the river has told me a lot"
"řeka mi hodně řekla"
"it has deeply filled me with the healing thought of oneness"
"hluboce mě to naplnilo léčivou myšlenkou jednoty"
"You've experienced suffering, Siddhartha"
"Zažil jsi utrpení, Siddhártho"

"but I see no sadness has entered your heart"
"Ale vidím, že do tvého srdce nevstoupil žádný smutek"
"No, my dear, how should I be sad?"
"Ne, má drahá, jak bych měl být smutný?"
"I, who have been rich and happy"
"Já, který jsem byl bohatý a šťastný"
"I have become even richer and happier now"
"Teď jsem se stal ještě bohatším a šťastnějším"
"My son has been given to me"
"Můj syn mi byl dán"
"Your son shall be welcome to me as well"
"Váš syn bude u mě také vítán"
"But now, Siddhartha, let's get to work"
"Ale teď, Siddhártho, pojďme do práce."
"there is much to be done"
"je hodně co udělat"
"Kamala has died on the same bed on which my wife had died"
"Kamala zemřela na stejné posteli, na které zemřela moje žena"
"Let us build Kamala's funeral pile on the hill"
"Postavme Kamalinu pohřební hromadu na kopci"
"the hill on which I my wife's funeral pile is"
"kopec, na kterém je pohřební hromada mé ženy"
While the boy was still asleep, they built the funeral pile
Zatímco chlapec ještě spal, postavili pohřební hromadu

The Son
Syn

Timid and weeping, the boy had attended his mother's funeral
Nesmělý a uplakaný chlapec se zúčastnil pohřbu své matky
gloomy and shy, he had listened to Siddhartha
zachmuřený a plachý poslouchal Siddhárthu
Siddhartha greeted him as his son
Siddhártha ho pozdravil jako svého syna
he welcomed him at his place in Vasudeva's hut
přivítal ho u něj ve Vasudevově chýši
Pale, he sat for many days by the hill of the dead
Bledý, seděl mnoho dní u kopce mrtvých
he did not want to eat
nechtěl jíst
he did not look at anyone
na nikoho se nepodíval
he did not open his heart
neotevřel své srdce
he met his fate with resistance and denial
potkal svůj osud s odporem a popíráním
Siddhartha spared giving him lessons
Siddhártha mu dával lekce
and he let him do as he pleased
a nechal ho dělat, jak chtěl
Siddhartha honoured his son's mourning
Siddhártha poctil smutek svého syna
he understood that his son did not know him
pochopil, že ho syn nezná
he understood that he could not love him like a father
pochopil, že ho nemůže milovat jako otce
Slowly, he also understood that the eleven-year-old was a pampered boy
Pomalu také chápal, že ten jedenáctiletý je rozmazlený kluk
he saw that he was a mother's boy

viděl, že je matčin chlapec
he saw that he had grown up in the habits of rich people
viděl, že vyrostl ve zvycích bohatých lidí
he was accustomed to finer food and a soft bed
byl zvyklý na jemnější jídlo a měkkou postel
he was accustomed to giving orders to servants
byl zvyklý dávat rozkazy sluhům
the mourning child could not suddenly be content with a life among strangers
truchlící dítě se nemohlo najednou spokojit se životem mezi cizími lidmi
Siddhartha understood the pampered child would not willingly be in poverty
Siddhártha pochopil, že hýčkané dítě nebude dobrovolně v chudobě
He did not force him to do these these things
Nenutil ho dělat tyto věci
Siddhartha did many chores for the boy
Siddhártha udělal pro chlapce mnoho domácích prací
he always saved the best piece of the meal for him
vždy si pro něj nechal ten nejlepší kousek jídla
Slowly, he hoped to win him over, by friendly patience
Pomalu doufal, že si ho získá přátelskou trpělivostí
Rich and happy, he had called himself, when the boy had come to him
Bohatý a šťastný, říkal si, když k němu chlapec přišel
Since then some time had passed
Od té doby uplynul nějaký čas
but the boy remained a stranger and in a gloomy disposition
ale chlapec zůstal cizincem a v ponuré povaze
he displayed a proud and stubbornly disobedient heart
projevoval hrdé a tvrdošíjně neposlušné srdce
he did not want to do any work
nechtěl dělat žádnou práci
he did not pay his respect to the old men
nevzdal úctu starcům

he stole from Vasudeva's fruit-trees
ukradl z Vasudevových ovocných stromů
his son had not brought him happiness and peace
jeho syn mu nepřinesl štěstí a mír
the boy had brought him suffering and worry
chlapec mu přinesl utrpení a starosti
slowly Siddhartha began to understand this
Siddhártha to pomalu začal chápat
But he loved him regardless of the suffering he brought him
Ale miloval ho bez ohledu na utrpení, které mu přinesl
he preferred the suffering and worries of love over happiness and joy without the boy
dal přednost utrpení a starostem lásky před štěstím a radostí bez chlapce
from when young Siddhartha was in the hut the old men had split the work
od doby, kdy byl mladý Siddhártha v chýši, se starci rozdělili o práci
Vasudeva had again taken on the job of the ferryman
Vasudeva se opět ujal práce převozníka
and Siddhartha, in order to be with his son, did the work in the hut and the field
a Siddhártha, aby mohl být se svým synem, dělal práci v chatrči a na poli

for long months Siddhartha waited for his son to understand him
dlouhé měsíce Siddhártha čekal, až ho jeho syn pochopí
he waited for him to accept his love
čekal, až přijme jeho lásku
and he waited for his son to perhaps reciprocate his love
a čekal, až jeho syn jeho lásku možná opětuje
For long months Vasudeva waited, watching
Dlouhé měsíce Vasudeva čekal a přihlížel
he waited and said nothing
čekal a nic neřekl

One day, young Siddhartha tormented his father very much
Jednoho dne mladý Siddhártha svého otce velmi mučil
he had broken both of his rice-bowls
rozbil obě své rýžové misky
Vasudeva took his friend aside and talked to him
Vasudeva vzal svého přítele stranou a promluvil s ním
"Pardon me," he said to Siddhartha
"Promiň," řekl Siddhárthovi
"from a friendly heart, I'm talking to you"
"z přátelského srdce s tebou mluvím"
"I'm seeing that you are tormenting yourself"
"Vidím, že se trápíš"
"I'm seeing that you're in grief"
"Vidím, že máš smutek"
"Your son, my dear, is worrying you"
"Tvůj syn, můj drahý, ti dělá starosti."
"and he is also worrying me"
"a taky mi dělá starosti"
"That young bird is accustomed to a different life"
"Ten mladý pták je zvyklý na jiný život."
"he is used to living in a different nest"
"je zvyklý žít v jiném hnízdě"
"he has not, like you, run away from riches and the city"
"Neutekl jako ty před bohatstvím a městem"
"he was not disgusted and fed up with the life in Sansara"
"nebyl znechucený a otrávený životem v Sansaře"
"he had to do all these things against his will"
"všechny tyto věci musel dělat proti své vůli"
"he had to leave all this behind"
"tohle všechno musel nechat za sebou"
"I asked the river, oh friend"
"Zeptal jsem se řeky, příteli"
"many times I have asked the river"
"Mnohokrát jsem se ptal řeky"
"But the river laughs at all of this"
"Ale řeka se tomu všemu směje"

"it laughs at me and it laughs at you"
"směje se to mně a směje se to tobě"
"the river is shaking with laughter at our foolishness"
"řeka se třese smíchy nad naší hloupostí"
"Water wants to join water as youth wants to join youth"
"Voda se chce spojit s vodou, jako se chce mládež spojit s mládeží"
"your son is not in the place where he can prosper"
"Váš syn není na místě, kde by mohl prosperovat"
"you too should ask the river"
"taky by ses měl zeptat řeky"
"you too should listen to it!"
"Taky bys to měl poslouchat!"
Troubled, Siddhartha looked into his friendly face
Siddhártha se znepokojeně podíval do jeho přátelské tváře
he looked at the many wrinkles in which there was incessant cheerfulness
podíval se na mnoho vrásek, v nichž byla nepřetržitá veselost
"How could I part with him?" he said quietly, ashamed
"Jak bych se s ním mohl rozloučit?" řekl tiše zahanbeně
"Give me some more time, my dear"
"Dej mi ještě čas, má drahá"
"See, I'm fighting for him"
"Vidíš, bojuji za něj"
"I'm seeking to win his heart"
"Snažím se získat jeho srdce"
"with love and with friendly patience I intend to capture it"
"s láskou a s přátelskou trpělivostí to hodlám zachytit"
"One day, the river shall also talk to him"
"Jednoho dne s ním bude mluvit i řeka"
"he also is called upon"
"je také volán"
Vasudeva's smile flourished more warmly
Vasudevův úsměv rozkvetl vřeleji
"Oh yes, he too is called upon"
"Ach ano, i on je povolán"

"he too is of the eternal life"
"i on je z věčného života"
"But do we, you and me, know what he is called upon to do?"
"Ale víme my, ty a já, k čemu je povolán?"
"we know what path to take and what actions to perform"
"víme, jakou cestou se vydat a jaké kroky provést"
"we know what pain we have to endure"
"víme, jakou bolest musíme vydržet"
"but does he know these things?"
"ale ví tyhle věci?"
"Not a small one, his pain will be"
"Ne malý, jeho bolest bude"
"after all, his heart is proud and hard"
"koneckonců, jeho srdce je hrdé a tvrdé"
"people like this have to suffer and err a lot"
"Takoví lidé musí hodně trpět a chybovat"
"they have to do much injustice"
"musí dělat mnoho bezpráví"
"and they have burden themselves with much sin"
"a zatížili se velkým hříchem"
"Tell me, my dear," he asked of Siddhartha
"Řekni mi, má drahá," zeptal se Siddhárthy
"you're not taking control of your son's upbringing?"
"Ty nepřebíráš kontrolu nad výchovou svého syna?"
"You don't force him, beat him, or punish him?"
"Nenutíš ho, nebiješ ho ani netrestáš?"
"No, Vasudeva, I don't do any of these things"
"Ne, Vasudevo, nic z těchto věcí nedělám."
"I knew it. You don't force him"
"Věděl jsem to. Nenutíš ho."
"you don't beat him and you don't give him orders"
"nebiješ ho a nedáváš mu rozkazy"
"because you know softness is stronger than hard"
"protože víš, že měkkost je silnější než tvrdá"
"you know water is stronger than rocks"

"Víš, že voda je silnější než kameny"
"and you know love is stronger than force"
"a ty víš, že láska je silnější než síla"
"Very good, I praise you for this"
"Výborně, chválím tě za to"
"But aren't you mistaken in some way?"
"Ale nemýlíte se nějakým způsobem?"
"don't you think that you are forcing him?"
"Nemyslíš, že ho nutíš?"
"don't you perhaps punish him a different way?"
"Nepotrestáš ho možná jinak?"
"Don't you shackle him with your love?"
"Nespoutáš ho svou láskou?"
"Don't you make him feel inferior every day?"
"Nepřinutíš ho, aby se každý den cítil méněcenný?"
"doesn't your kindness and patience make it even harder for him?"
"Nečiní mu to tvá laskavost a trpělivost ještě těžší?"
"aren't you forcing him to live in a hut with two old banana-eaters?"
"Nenutíš ho bydlet v baráku se dvěma starými banánožrouty?"
"old men to whom even rice is a delicacy"
"staří muži, kterým je i rýže pochoutkou"
"old men whose thoughts can't be his"
"staří muži, jejichž myšlenky nemohou být jeho"
"old men whose hearts are old and quiet"
"staří muži, jejichž srdce jsou stará a tichá"
"old men whose hearts beat in a different pace than his"
"staří muži, jejichž srdce bije jiným tempem než jeho"
"Isn't he forced and punished by all this?""
"Není tím vším nucen a potrestán?"
Troubled, Siddhartha looked to the ground
Siddhártha se znepokojeně podíval k zemi
Quietly, he asked, "What do you think should I do?"
Tiše se zeptal: "Co si myslíš, že bych měl dělat?"

Vasudeva spoke, "Bring him into the city"
Vasudeva promluvil: „Přiveď ho do města"
"bring him into his mother's house"
"přiveď ho do domu jeho matky"
"there'll still be servants around, give him to them"
"Pořád tu budou sluhové, dejte jim ho"
"And if there aren't any servants, bring him to a teacher"
"A nejsou-li služebníci, přiveďte ho k učiteli."
"but don't bring him to a teacher for teachings' sake"
"ale neberte ho k učiteli kvůli učení"
"bring him to a teacher so that he is among other children"
"Přiveďte ho k učiteli, aby byl mezi ostatními dětmi"
"and bring him to the world which is his own"
"a přiveď ho do světa, který je jeho vlastní"
"have you never thought of this?"
"tohle tě nikdy nenapadlo?"
"you're seeing into my heart," Siddhartha spoke sadly
"vidíš do mého srdce," řekl Siddhártha smutně
"Often, I have thought of this"
"Často mě to napadlo"
"but how can I put him into this world?"
"Ale jak ho mohu dát do tohoto světa?"
"Won't he become exuberant?"
"Nebude bujný?"
"won't he lose himself to pleasure and power?"
"neztratí se rozkoší a mocí?"
"won't he repeat all of his father's mistakes?"
"Nebude opakovat všechny chyby svého otce?"
"won't he perhaps get entirely lost in Sansara?"
"Neztratí se snad úplně v Sansaře?"
Brightly, the ferryman's smile lit up
Převozníkův úsměv se jasně rozzářil
softly, he touched Siddhartha's arm
tiše se dotkl Siddhárthovy paže
"Ask the river about it, my friend!"
"Zeptej se na to řeky, příteli!"

"Hear the river laugh about it!"
"Slyšte řeku, jak se tomu směje!"
"Would you actually believe that you had committed your foolish acts?
„Opravdu byste věřil, že jste se dopustil svých pošetilých činů?
"in order to spare your son from committing them too"
"Abys ušetřil tvého syna, aby je také spáchal"
"And could you in any way protect your son from Sansara?"
"A mohl byste nějak ochránit svého syna před Sansarou?"
"How could you protect him from Sansara?"
"Jak jsi ho mohl ochránit před Sansarou?"
"By means of teachings, prayer, admonition?"
"Prostřednictvím učení, modlitby, napomenutí?"
"My dear, have you entirely forgotten that story?"
"Má drahá, úplně jsi zapomněl na ten příběh?"
"the story containing so many lessons"
"příběh obsahující tolik lekcí"
"the story about Siddhartha, a Brahman's son"
„příběh o Siddhárthovi, synovi Brahmanu"
"the story which you once told me here on this very spot?"
"Příběh, který jsi mi kdysi vyprávěl tady na tomto místě?"
"Who has kept the Samana Siddhartha safe from Sansara?"
"Kdo uchránil Samana Siddhártha před Sansárou?"
"who has kept him from sin, greed, and foolishness?"
"Kdo ho uchránil od hříchu, chamtivosti a bláznovství?"
"Were his father's religious devotion able to keep him safe?
„Dokázala ho otcova náboženská oddanost udržet v bezpečí?
"were his teacher's warnings able to keep him safe?"
"Dokázala ho varování jeho učitele udržet v bezpečí?"
"could his own knowledge keep him safe?"
"Mohly by ho jeho vlastní znalosti udržet v bezpečí?"
"was his own search able to keep him safe?"
"Dokázalo ho jeho vlastní pátrání udržet v bezpečí?"
"What father has been able to protect his son?"
"Který otec dokázal ochránit svého syna?"

"what father could keep his son from living his life for himself?"
"Který otec mohl zabránit svému synovi, aby žil svůj život pro sebe?"
"what teacher has been able to protect his student?"
"Který učitel dokázal ochránit svého žáka?"
"what teacher can stop his student from soiling himself with life?"
"Který učitel může zabránit tomu, aby se jeho student pošpinil životem?"
"who could stop him from burdening himself with guilt?"
"Kdo by mu mohl zabránit, aby se nezatěžoval pocitem viny?"
"who could stop him from drinking the bitter drink for himself?"
"Kdo by mu mohl zabránit v pití hořkého nápoje pro sebe?"
"who could stop him from finding his path for himself?"
"Kdo by mu mohl zabránit v tom, aby si sám našel cestu?"
"did you think anybody could be spared from taking this path?"
"Myslel sis, že by někdo mohl být ušetřen této cesty?"
"did you think that perhaps your little son would be spared?"
"Myslel sis, že možná bude tvůj malý syn ušetřen?"
"did you think your love could do all that?"
"Myslel sis, že to všechno tvoje láska dokáže?"
"did you think your love could keep him from suffering"
"Myslel sis, že ho tvoje láska může uchránit před utrpením?"
"did you think your love could protect him from pain and disappointment?
„Myslel sis, že ho tvoje láska dokáže ochránit před bolestí a zklamáním?
"you could die ten times for him"
"Mohl bys pro něj zemřít desetkrát"
"but you could take no part of his destiny upon yourself"
"ale nemohl jsi vzít žádnou část jeho osudu na sebe"
Never before, Vasudeva had spoken so many words

Nikdy předtím Vasudeva neřekl tolik slov
Kindly, Siddhartha thanked him
Siddhártha mu laskavě poděkoval
he went troubled into the hut
ustaraný vešel do chatrče

he could not sleep for a long time
dlouho nemohl spát
Vasudeva had told him nothing he had not already thought and known
Vasudeva mu neřekl nic, co by si již nemyslel a neznal
But this was a knowledge he could not act upon
Ale toto bylo poznání, podle kterého nemohl jednat
stronger than knowledge was his love for the boy
silnější než vědění byla jeho láska k chlapci
stronger than knowledge was his tenderness
silnější než poznání byla jeho něha
stronger than knowledge was his fear to lose him
silnější než vědění byl jeho strach, že ho ztratí
had he ever lost his heart so much to something?
ztratil někdy kvůli něčemu tolik srdce?
had he ever loved any person so blindly?
miloval někdy někoho tak slepě?
had he ever suffered for someone so unsuccessfully?
trpěl někdy pro někoho tak neúspěšně?
had he ever made such sacrifices for anyone and yet been so unhappy?
přinesl někdy pro někoho takové oběti a přitom byl tak nešťastný?
Siddhartha could not heed his friend's advice
Siddhártha nemohl poslouchat rady svého přítele
he could not give up the boy
nemohl se toho chlapce vzdát
He let the boy give him orders
Nechal chlapce, aby mu rozkazoval
he let him disregard him

nechal ho ignorovat
He said nothing and waited
Nic neřekl a čekal
daily, he attempted the struggle of friendliness
denně se pokoušel o boj o přátelství
he initiated the silent war of patience
zahájil tichou válku trpělivosti
Vasudeva also said nothing and waited
Vasudeva také nic neřekl a čekal
They were both masters of patience
Oba byli mistři trpělivosti

one time the boy's face reminded him very much of Kamala
jednou mu chlapcova tvář velmi připomínala Kamalu
Siddhartha suddenly had to think of something Kamala had once said
Siddhártha najednou musel myslet na něco, co kdysi řekla Kamala
"You cannot love" she had said to him
"Nemůžeš milovat," řekla mu
and he had agreed with her
a on s ní souhlasil
and he had compared himself with a star
a srovnával se s hvězdou
and he had compared the childlike people with falling leaves
a srovnával dětské lidi s padajícím listím
but nevertheless, he had also sensed an accusation in that line
ale přesto cítil v tomto směru také obvinění
Indeed, he had never been able to love
Ve skutečnosti nikdy nebyl schopen milovat
he had never been able to devote himself completely to another person
nikdy se nedokázal zcela věnovat jinému člověku
he had never been able to to forget himself

nikdy na sebe nedokázal zapomenout
he had never been able to commit foolish acts for the love of another person
nikdy nebyl schopen spáchat pošetilé činy z lásky k jiné osobě
at that time it seemed to set him apart from the childlike people
v té době se zdálo, že ho odlišuje od dětských lidí
But ever since his son was here, Siddhartha also become a childlike person
Ale od té doby, co tu byl jeho syn, se Siddhártha také stal dětskou osobou
he was suffering for the sake of another person
trpěl kvůli jinému člověku
he was loving another person
miloval jiného člověka
he was lost to a love for someone else
byl ztracen láskou k někomu jinému
he had become a fool on account of love
stal se bláznem kvůli lásce
Now he too felt the strongest and strangest of all passions
Nyní i on cítil nejsilnější a nejpodivnější ze všech vášní
he suffered from this passion miserably
trpěl touto vášní bídně
and he was nevertheless in bliss
a přesto byl blažený
he was nevertheless renewed in one respect
byl však v jednom ohledu obnoven
he was enriched by this one thing
byl obohacen o tuto jednu věc
He sensed very well that this blind love for his son was a passion
Velmi dobře cítil, že tato slepá láska k jeho synovi byla vášní
he knew that it was something very human
věděl, že je to něco velmi lidského
he knew that it was Sansara
věděl, že je to Sansara

he knew that it was a murky source, dark waters
věděl, že je to temný zdroj, temné vody
but he felt it was not worthless, but necessary
ale cítil, že to není bezcenné, ale nutné
it came from the essence of his own being
vycházelo z podstaty jeho vlastního bytí
This pleasure also had to be atoned for
I toto potěšení bylo třeba odčinit
this pain also had to be endured
tato bolest se také musela vydržet
these foolish acts also had to be committed
tyto pošetilé činy také musely být spáchány
Through all this, the son let him commit his foolish acts
Přes to všechno ho syn nechal páchat jeho pošetilé činy
he let him court for his affection
nechal ho soudit za jeho náklonnost
he let him humiliate himself every day
nechal ho každý den se ponižovat
he gave in to the moods of his son
poddal se náladám svého syna
his father had nothing which could have delighted him
jeho otec neměl nic, co by ho mohlo potěšit
and he nothing that the boy feared
a on nic, čeho se chlapec bál
He was a good man, this father
Byl to dobrý muž, tento otec
he was a good, kind, soft man
byl to dobrý, laskavý, měkký muž
perhaps he was a very devout man
možná to byl velmi zbožný muž
perhaps he was a saint, the boy thought
možná byl svatý, pomyslel si chlapec
but all these attributes could not win the boy over
ale všechny tyto atributy nemohly chlapce získat
He was bored by this father, who kept him imprisoned
Tento otec ho nudil, držel ho ve vězení

a prisoner in this miserable hut of his
vězeň v této jeho ubohé chatrči
he was bored of him answering every naughtiness with a smile
nudilo ho, že odpovídá na každou zlobu úsměvem
he didn't appreciate insults being responded to by friendliness
nevážil si, že na urážky se odpovídá přátelsky
he didn't like viciousness returned in kindness
nelíbilo se mu zlomyslnost vrácená laskavostí
this very thing was the hated trick of this old sneak
přesně tohle byl nenáviděný trik tohoto starého šmejda
Much more the boy would have liked it if he had been threatened by him
Mnohem víc by se chlapci líbilo, kdyby mu byl vyhrožován
he wanted to be abused by him
chtěl být jím zneužit

A day came when young Siddhartha had had enough
Přišel den, kdy toho měl mladý Siddhártha dost
what was on his mind came bursting forth
vytrysklo to, co měl na mysli
and he openly turned against his father
a otevřeně se obrátil proti svému otci
Siddhartha had given him a task
Siddhártha mu zadal úkol
he had told him to gather brushwood
řekl mu, aby nasbíral dříví
But the boy did not leave the hut
Chlapec ale chatu neopustil
in stubborn disobedience and rage, he stayed where he was
v tvrdošíjné neposlušnosti a vzteku zůstal tam, kde byl
he thumped on the ground with his feet
udeřil nohama o zem
he clenched his fists and screamed in a powerful outburst
zaťal pěsti a vykřikl mocným výbuchem

he screamed his hatred and contempt into his father's face
křičel svou nenávist a pohrdání do otcovy tváře
"Get the brushwood for yourself!" he shouted, foaming at the mouth
"Získejte klestí pro sebe!" vykřikl a měl pěnu u úst
"I'm not your servant"
"Nejsem tvůj služebník"
"I know that you won't hit me, you wouldn't dare"
"Vím, že mě neuhodíš, to by ses neodvážil"
"I know that you constantly want to punish me"
"Vím, že mě neustále chceš trestat"
"you want to put me down with your religious devotion and your indulgence"
"chceš mě porazit svou náboženskou oddaností a shovívavostí"
"You want me to become like you"
"Chceš, abych byl jako ty"
"you want me to be just as devout, soft, and wise as you"
"chceš, abych byl stejně oddaný, měkký a moudrý jako ty"
"but I won't do it, just to make you suffer"
"ale neudělám to, jen abys trpěl"
"I would rather become a highway-robber than be as soft as you"
"Raději bych se stal dálničním zlodějem, než abych byl tak měkký jako ty."
"I would rather be a murderer than be as wise as you"
"Raději bych byl vrah, než abych byl moudrý jako ty"
"I would rather go to hell, than to become like you!"
"Raději bych šel do pekla, než abych byl jako ty!"
"I hate you, you're not my father
„Nenávidím tě, nejsi můj otec
"even if you've slept with my mother ten times, you are not my father!"
"I když jsi desetkrát spal s mou matkou, nejsi můj otec!"
Rage and grief boiled over in him
Vřel v něm vztek a smutek

he foamed at his father in a hundred savage and evil words
vypěnil na svého otce sto divokých a zlých slov
Then the boy ran away into the forest
Pak chlapec utekl do lesa
it was late at night when the boy returned
bylo pozdě v noci, když se chlapec vrátil
But the next morning, he had disappeared
Ale druhý den ráno zmizel
What had also disappeared was a small basket
Co také zmizelo, byl malý košík
the basket in which the ferrymen kept those copper and silver coins
košík, ve kterém převozníci uchovávali ty měděné a stříbrné mince
the coins which they received as a fare
mince, které dostali jako jízdné
The boat had also disappeared
Loď také zmizela
Siddhartha saw the boat lying by the opposite bank
Siddhártha viděl loď ležet na protějším břehu
Siddhartha had been shivering with grief
Siddhártha se třásl žalem
the ranting speeches the boy had made touched him
křiklavé řeči, které chlapec pronesl, se ho dotkly
"I must follow him," said Siddhartha
"Musím ho následovat," řekl Siddhártha
"A child can't go through the forest all alone, he'll perish"
"Dítě nemůže jít lesem úplně samo, zahyne"
"We must build a raft, Vasudeva, to get over the water"
"Musíme postavit vor, Vasudevo, abychom se dostali přes vodu"
"We will build a raft" said Vasudeva
"Postavíme vor," řekl Vasudeva
"we will build it to get our boat back"
"Postavíme to, abychom dostali naši loď zpět"
"But you shall not run after your child, my friend"

"Ale nebudeš utíkat za svým dítětem, příteli."
"he is no child anymore"
"už není dítě"
"he knows how to get around"
"ví, jak se obejít"
"He's looking for the path to the city"
"Hledá cestu do města"
"and he is right, don't forget that"
"a má pravdu, nezapomeň na to"
"he's doing what you've failed to do yourself"
"dělá to, co jsi ty sám nedokázal"
"he's taking care of himself"
"stará se o sebe"
"he's taking his course for himself"
"chodí pro sebe"
"Alas, Siddhartha, I see you suffering"
"Běda, Siddhártho, vidím tě trpět"
"but you're suffering a pain at which one would like to laugh"
"ale trpíš bolestí, které by se chtělo smát"
"you're suffering a pain at which you'll soon laugh yourself"
"Trpíš bolestí, které se brzy sám zasměješ"
Siddhartha did not answer his friend
Siddhártha svému příteli neodpověděl
He already held the axe in his hands
Sekeru už držel v rukou
and he began to make a raft of bamboo
a začal vyrábět vor z bambusu
Vasudeva helped him to tie the canes together with ropes of grass
Vasudeva mu pomohl svázat klacky provazy trávy
When they crossed the river they drifted far off their course
Když překročili řeku, unášeli daleko od svého kurzu
they pulled the raft upriver on the opposite bank
vytáhli vor proti proudu na protějším břehu
"Why did you take the axe along?" asked Siddhartha

"Proč jsi vzal sekeru s sebou?" zeptal se Siddhártha
"It might have been possible that the oar of our boat got lost"
"Mohlo se stát, že se veslo naší lodi ztratilo."
But Siddhartha knew what his friend was thinking
Ale Siddhártha věděl, co si jeho přítel myslí
He thought, the boy would have thrown away the oar
Pomyslel si, chlapec by veslo odhodil
in order to get some kind of revenge
aby se nějak pomstil
and in order to keep them from following him
a aby ho nenásledovali
And in fact, there was no oar left in the boat
A ve skutečnosti ve člunu nezůstalo žádné veslo
Vasudeva pointed to the bottom of the boat
Vasudeva ukázal na dno člunu
and he looked at his friend with a smile
a podíval se na svého přítele s úsměvem
he smiled as if he wanted to say something
usmál se, jako by chtěl něco říct
"Don't you see what your son is trying to tell you?"
"Copak nevidíš, co se ti tvůj syn snaží říct?"
"Don't you see that he doesn't want to be followed?"
"Copak nevidíš, že nechce být sledován?"
But he did not say this in words
Ale neřekl to slovy
He started making a new oar
Začal vyrábět nové veslo
But Siddhartha bid his farewell, to look for the run-away
Ale Siddhártha se s ním rozloučil, aby hledal uprchlíka
Vasudeva did not stop him from looking for his child
Vasudeva mu nezabránil v hledání svého dítěte

Siddhartha had been walking through the forest for a long time
Siddhártha se už dlouho procházel lesem
the thought occurred to him that his search was useless

napadlo ho, že jeho hledání bylo zbytečné
Either the boy was far ahead and had already reached the city
Buď byl chlapec daleko vepředu a už se dostal do města
or he would conceal himself from him
nebo by se před ním skryl
he continued thinking about his son
dál myslel na svého syna
he found that he was not worried for his son
zjistil, že se o svého syna nebojí
he knew deep inside that he had not perished
hluboko uvnitř věděl, že nezahynul
nor was he in any danger in the forest
ani mu v lese nehrozilo žádné nebezpečí
Nevertheless, he ran without stopping
Přesto běžel bez zastavení
he was not running to save him
neběžel, aby ho zachránil
he was running to satisfy his desire
běžel, aby uspokojil svou touhu
he wanted to perhaps see him one more time
chtěl ho možná ještě jednou vidět
And he ran up to just outside of the city
A doběhl těsně za město
When, near the city, he reached a wide road
Když se poblíž města dostal na širokou silnici
he stopped, by the entrance of the beautiful pleasure-garden
zastavil se u vchodu do krásné zahrady potěšení
the garden which used to belong to Kamala
zahradu, která patřila Kamale
the garden where he had seen her for the first time
zahradu, kde ji viděl poprvé
when she was sitting in her sedan-chair
když seděla ve svém sedanovém křesle
The past rose up in his soul
V jeho duši se zvedla minulost

again, he saw himself standing there
znovu se viděl, jak tam stojí
a young, bearded, naked Samana
mladá, vousatá, nahá Samana
his hair hair was full of dust
jeho vlasy byly plné prachu
For a long time, Siddhartha stood there
Siddhártha tam dlouho stál
he looked through the open gate into the garden
podíval se otevřenou bránou do zahrady
he saw monks in yellow robes walking among the beautiful trees
viděl mnichy ve žlutých róbách, jak se procházejí mezi krásnými stromy
For a long time, he stood there, pondering
Dlouho tam stál a přemýšlel
he saw images and listened to the story of his life
viděl obrazy a poslouchal příběh svého života
For a long time, he stood there looking at the monks
Dlouho tam stál a díval se na mnichy
he saw young Siddhartha in their place
viděl na jejich místě mladého Siddhártha
he saw young Kamala walking among the high trees
viděl mladou Kamalu procházet se mezi vysokými stromy
Clearly, he saw himself being served food and drink by Kamala
Zjevně viděl, jak mu Kamala podává jídlo a pití
he saw himself receiving his first kiss from her
viděl, jak od ní dostává svůj první polibek
he saw himself looking proudly and disdainfully back on his life as a Brahman
viděl, jak se hrdě a pohrdavě dívá zpět na svůj život jako Brahman
he saw himself beginning his worldly life, proudly and full of desire
viděl sebe, jak hrdě a plný touhy začíná svůj světský život

He saw Kamaswami, the servants, the orgies
Viděl Kamaswamiho, služebnictvo, orgie
he saw the gamblers with the dice
viděl hazardní hráče s kostkami
he saw Kamala's song-bird in the cage
uviděl v kleci zpěvného ptáka Kamaly
he lived through all this again
tohle všechno znovu prožil
he breathed Sansara and was once again old and tired
vydechl Sansara a byl opět starý a unavený
he felt the disgust and the wish to annihilate himself again
cítil znechucení a touhu se znovu zničit
and he was healed again by the holy Om
a byl znovu uzdraven svatým Ómem
for a long time Siddhartha had stood by the gate
Siddhártha dlouho stál u brány
he realised his desire was foolish
uvědomil si, že jeho touha byla pošetilá
he realized it was foolishness which had made him go up to this place
uvědomil si, že to byla hloupost, která ho přiměla jít na toto místo
he realized he could not help his son
uvědomil si, že svému synovi nemůže pomoci
and he realized that he was not allowed to cling to him
a uvědomil si, že mu není dovoleno přilnout k němu
he felt the love for the run-away deeply in his heart
cítil lásku k uprchlíkům hluboko ve svém srdci
the love for his son felt like a wound
láska k jeho synovi byla jako rána
but this wound had not been given to him in order to turn the knife in it
ale tato rána mu nebyla dána, aby v ní otočil nůž
the wound had to become a blossom
z rány se musel stát květ
and his wound had to shine

a jeho rána se musela lesknout
That this wound did not blossom or shine yet made him sad
Že tato rána ještě nekvetla ani nesvítila, ho mrzelo
Instead of the desired goal, there was emptiness
Místo vytouženého cíle tu byla prázdnota
emptiness had drawn him here, and sadly he sat down
táhla ho sem prázdnota a smutně se posadil
he felt something dying in his heart
cítil, jak v jeho srdci něco umírá
he experienced emptiness and saw no joy any more
prožíval prázdnotu a neviděl už žádnou radost
there was no goal for which to aim for
neexistoval žádný cíl, ke kterému by se dalo mířit
He sat lost in thought and waited
Seděl ztracený v myšlenkách a čekal
This he had learned by the river
To se naučil u řeky
waiting, having patience, listening attentively
čekat, mít trpělivost, pozorně naslouchat
And he sat and listened, in the dust of the road
A on seděl a poslouchal v prachu cesty
he listened to his heart, beating tiredly and sadly
poslouchal své srdce, tlouklo unaveně a smutně
and he waited for a voice
a čekal na hlas
Many an hour he crouched, listening
Mnoho hodin se krčil a poslouchal
he saw no images any more
už neviděl žádné obrazy
he fell into emptiness and let himself fall
upadl do prázdnoty a nechal se padnout
he could see no path in front of him
před sebou neviděl žádnou cestu
And when he felt the wound burning, he silently spoke the Om
A když ucítil, jak rána hoří, tiše pronesl Óm

he filled himself with Om
naplnil se Om
The monks in the garden saw him
Mniši v zahradě ho viděli
dust was gathering on his gray hair
na jeho šedých vlasech se hromadil prach
since he crouched for many hours, one of monks placed two bananas in front of him
protože se mnoho hodin krčil, jeden z mnichů před něj položil dva banány
The old man did not see him
Starý pán ho neviděl

From this petrified state, he was awoken by a hand touching his shoulder
Z tohoto zkamenělého stavu ho probudila ruka, která se dotkla jeho ramene
Instantly, he recognised this tender bashful touch
Okamžitě poznal tento něžný stydlivý dotek
Vasudeva had followed him and waited
Vasudeva ho následoval a čekal
he regained his senses and rose to greet Vasudeva
probral se a vstal, aby pozdravil Vasudevu
he looked into Vasudeva's friendly face
pohlédl do Vasudevovy přátelské tváře
he looked into the small wrinkles
podíval se do malých vrásek
his wrinkles were as if they were filled with nothing but his smile
jeho vrásky byly, jako by je vyplnilo jen jeho úsměv
he looked into the happy eyes, and then he smiled too
podíval se do šťastných očí a pak se také usmál
Now he saw the bananas lying in front of him
Teď viděl banány ležící před ním
he picked the bananas up and gave one to the ferryman
sebral banány a jeden dal převozníkovi

After eating the bananas, they silently went back into the forest
Poté, co snědli banány, se tiše vrátili do lesa
they returned home to the ferry
vrátili se domů na trajekt
Neither one talked about what had happened that day
Ani jeden nemluvil o tom, co se ten den stalo
neither one mentioned the boy's name
ani jeden nezmínil chlapcovo jméno
neither one spoke about him running away
ani jeden nemluvil o jeho útěku
neither one spoke about the wound
ani jeden nemluvil o ráně
In the hut, Siddhartha lay down on his bed
V chýši si Siddhártha lehl na postel
after a while Vasudeva came to him
po chvíli k němu přišel Vasudeva
he offered him a bowl of coconut-milk
nabídl mu misku kokosového mléka
but he was already asleep
ale on už spal

Om

For a long time the wound continued to burn
Rána ještě dlouho pálila
Siddhartha had to ferry many travellers across the river
Siddhártha musel převézt mnoho cestujících přes řeku
many of the travellers were accompanied by a son or a daughter
mnoho cestujících doprovázel syn nebo dcera
and he saw none of them without envying them
a nikoho z nich neviděl, aniž by jim záviděl
he couldn't see them without thinking about his lost son
nemohl je vidět, aniž by myslel na svého ztraceného syna
"So many thousands possess the sweetest of good fortunes"
"Tolik tisíc má nejsladší štěstí"
"why don't I also possess this good fortune?"
"Proč také nemám toto štěstí?"
"even thieves and robbers have children and love them"
"i zloději a lupiči mají děti a milují je"
"and they are being loved by their children"
"a jsou milováni svými dětmi"
"all are loved by their children except for me"
"všechny jsou milovány svými dětmi kromě mě"
he now thought like the childlike people, without reason
teď bezdůvodně přemýšlel jako dětští lidé
he had become one of the childlike people
stal se jedním z dětských lidí
he looked upon people differently than before
díval se na lidi jinak než předtím
he was less smart and less proud of himself
byl méně chytrý a méně na sebe pyšný
but instead, he was warmer and more curious
ale místo toho byl vřelejší a zvědavější
when he ferried travellers, he was more involved than before
když převážel cestovatele, zapojil se více než předtím

childlike people, businessmen, warriors, women
dětinští lidé, podnikatelé, válečníci, ženy
these people did not seem alien to him, as they used to
tito lidé mu nepřipadali cizí, jak bývali zvyklí
he understood them and shared their life
rozuměl jim a sdílel jejich život
a life which was not guided by thoughts and insight
život, který se neřídil myšlenkami a vhledem
but a life guided solely by urges and wishes
ale život řízený pouze nutkáním a přáním
he felt like the the childlike people
cítil se jako dětští lidé
he was bearing his final wound
nesl svou poslední ránu
he was nearing perfection
blížil se k dokonalosti
but the childlike people still seemed like his brothers
ale dětští lidé stále vypadali jako jeho bratři
their vanities, desires for possession were no longer ridiculous to him
jejich marnosti, touhy po vlastnictví mu už nebyly směšné
they became understandable and lovable
stali se srozumitelnými a milujícími
they even became worthy of veneration to him
dokonce se mu stali hodnými úcty
The blind love of a mother for her child
Slepá láska matky k dítěti
the stupid, blind pride of a conceited father for his only son
hloupá, slepá pýcha namyšleného otce na svého jediného syna
the blind, wild desire of a young, vain woman for jewellery
slepá, divoká touha mladé, ješitné ženy po špercích
her wish for admiring glances from men
její přání obdivných pohledů mužů
all of these simple urges were not childish notions
všechny tyto prosté nutkání nebyly dětinské představy

but they were immensely strong, living, and prevailing urges
ale byli nesmírně silní, živí a převládající touhy
he saw people living for the sake of their urges
viděl lidi, kteří žijí pro své nutkání
he saw people achieving rare things for their urges
viděl lidi, jak dosahují vzácných věcí pro své nutkání
travelling, conducting wars, suffering
cestování, vedení válek, utrpení
they bore an infinite amount of suffering
nesli nekonečné množství utrpení
and he could love them for it, because he saw life
a mohl je za to milovat, protože viděl život
that what is alive was in each of their passions
že to, co je živé, bylo v každé z jejich vášní
that what is is indestructible was in their urges, the Brahman
že to, co je nezničitelné, bylo v jejich nutkání, Brahman
these people were worthy of love and admiration
tito lidé byli hodni lásky a obdivu
they deserved it for their blind loyalty and blind strength
zasloužili si to svou slepou loajalitou a slepou silou
there was nothing that they lacked
nebylo nic, co by jim chybělo
Siddhartha had nothing which would put him above the rest, except one thing
Siddhártha neměl nic, co by ho vyzdvihlo nad ostatní, kromě jedné věci
there still was a small thing he had which they didn't
pořád tu byla maličkost, kterou měl a oni ne
he had the conscious thought of the oneness of all life
měl vědomou myšlenku na jednotu všeho života
but Siddhartha even doubted whether this knowledge should be valued so highly
ale Siddhártha dokonce pochyboval, zda by toto poznání mělo být tak vysoce ceněno
it might also be a childish idea of the thinking people

může to být také dětinský nápad myslících lidí
the worldly people were of equal rank to the wise men
světští lidé byli na stejné úrovni jako mudrci
animals too can in some moments seem to be superior to humans
i zvířata se mohou v některých okamžicích zdát nadřazená lidem
they are superior in their tough, unrelenting performance of what is necessary
jsou lepší ve svém tvrdém, neúnavném výkonu toho, co je nezbytné
an idea slowly blossomed in Siddhartha
v Siddhárthovi pomalu rozkvétala myšlenka
and the idea slowly ripened in him
a ta myšlenka v něm pomalu dozrávala
he began to see what wisdom actually was
začal vidět, co je to vlastně moudrost
he saw what the goal of his long search was
viděl, co je cílem jeho dlouhého hledání
his search was nothing but a readiness of the soul
jeho hledání nebylo nic jiného než připravenost duše
a secret art to think every moment, while living his life
tajné umění myslet každý okamžik, zatímco žije svůj život
it was the thought of oneness
byla to myšlenka jednoty
to be able to feel and inhale the oneness
být schopen cítit a vdechovat jednotu
Slowly this awareness blossomed in him
Toto vědomí v něm pomalu kvetlo
it was shining back at him from Vasudeva's old, childlike face
zářilo na něj z Vasudevovy staré, dětské tváře
harmony and knowledge of the eternal perfection of the world
harmonii a poznání věčné dokonalosti světa
smiling and to be part of the oneness

usmívat se a být součástí jednoty
But the wound still burned
Rána ale stále pálila
longingly and bitterly Siddhartha thought of his son
Siddhártha toužebně a hořce myslel na svého syna
he nurtured his love and tenderness in his heart
pěstoval svou lásku a něhu ve svém srdci
he allowed the pain to gnaw at him
dovolil, aby ho bolest hlodala
he committed all foolish acts of love
spáchal všechny pošetilé skutky lásky
this flame would not go out by itself
tento plamen sám od sebe nezhasne

one day the wound burned violently
jednoho dne rána prudce pálila
driven by a yearning, Siddhartha crossed the river
Siddhártha hnán touhou překročil řeku
he got off the boat and was willing to go to the city
vystoupil z lodi a byl ochoten jít do města
he wanted to look for his son again
chtěl znovu hledat svého syna
The river flowed softly and quietly
Řeka tekla tiše a tiše
it was the dry season, but its voice sounded strange
bylo období sucha, ale jeho hlas zněl divně
it was clear to hear that the river laughed
bylo jasně slyšet, že se řeka smála
it laughed brightly and clearly at the old ferryman
jasně a jasně se smálo starému převozníkovi
he bent over the water, in order to hear even better
sklonil se nad vodou, aby slyšel ještě lépe
and he saw his face reflected in the quietly moving waters
a viděl, jak se jeho tvář odráží v tiše se pohybujících vodách
in this reflected face there was something
v této odražené tváři bylo něco

something which reminded him, but he had forgotten
něco, co mu připomnělo, ale zapomněl
as he thought about it, he found it
jak o tom přemýšlel, našel to
this face resembled another face which he used to know and love
tato tvář připomínala jinou tvář, kterou znal a miloval
but he also used to fear this face
ale také se této tváře bál
It resembled his father's face, the Brahman
Připomínalo to tvář jeho otce, Brahman
he remembered how he had forced his father to let him go
vzpomněl si, jak donutil svého otce, aby ho nechal jít
he remembered how he had bid his farewell to him
vzpomněl si, jak se s ním loučil
he remembered how he had gone and had never come back
vzpomněl si, jak odešel a už se nikdy nevrátil
Had his father not also suffered the same pain for him?
Netrpěl pro něj stejnou bolestí i jeho otec?
was his father's pain not the pain Siddhartha is suffering now?
nebyla bolest jeho otce bolest, kterou teď Siddhártha trpí?
Had his father not long since died?
Jeho otec už dávno nezemřel?
had he died without having seen his son again?
zemřel, aniž by znovu viděl svého syna?
Did he not have to expect the same fate for himself?
Nemusel stejný osud očekávat i pro sebe?
Was it not a comedy in a fateful circle?
Nebyla to komedie v osudovém kruhu?
The river laughed about all of this
Řeka se tomu všemu smála
everything came back which had not been suffered
vše se vrátilo, co nebylo utrpěno
everything came back which had not been solved
vše se vrátilo, co nebylo vyřešeno

the same pain was suffered over and over again
trpěla stejná bolest znovu a znovu
Siddhartha went back into the boat
Siddhártha se vrátil do člunu
and he returned back to the hut
a vrátil se zpět do chatrče
he was thinking of his father and of his son
myslel na svého otce a na svého syna
he thought of having been laughed at by the river
myslel si, že se mu u řeky smáli
he was at odds with himself and tending towards despair
byl v rozporu sám se sebou a měl sklony k zoufalství
but he was also tempted to laugh
ale byl také v pokušení se smát
he could laugh at himself and the entire world
mohl se smát sobě i celému světu
Alas, the wound was not blossoming yet
Bohužel rána ještě nekvetla
his heart was still fighting his fate
jeho srdce stále bojovalo s osudem
cheerfulness and victory were not yet shining from his suffering
z jeho utrpení ještě nezářila veselost a vítězství
Nevertheless, he felt hope along with the despair
Přesto spolu se zoufalstvím cítil naději
once he returned to the hut he felt an undefeatable desire to open up to Vasudeva
jakmile se vrátil do chatrče, pocítil neporazitelnou touhu otevřít se Vasudevovi
he wanted to show him everything
chtěl mu všechno ukázat
he wanted to say everything to the master of listening
chtěl všechno říct mistrovi naslouchání

Vasudeva was sitting in the hut, weaving a basket
Vasudeva seděl v chýši a pletl košík

He no longer used the ferry-boat
Už nepoužil trajekt
his eyes were starting to get weak
jeho oči začínaly slábnout
his arms and hands were getting weak as well
jeho paže a ruce také slábly
only the joy and cheerful benevolence of his face was unchanging
jen radost a veselá shovívavost jeho tváře byla neměnná
Siddhartha sat down next to the old man
Siddhártha se posadil vedle starého muže
slowly, he started talking about what they had never spoke about
pomalu začal mluvit o tom, o čem nikdy nemluvili
he told him of his walk to the city
vyprávěl mu o své procházce do města
he told at him of the burning wound
řekl mu o hořící ráně
he told him about the envy of seeing happy fathers
řekl mu o závisti vidět šťastné otce
his knowledge of the foolishness of such wishes
jeho znalosti o pošetilosti takových přání
his futile fight against his wishes
jeho marný boj proti jeho přání
he was able to say everything, even the most embarrassing parts
dokázal říct všechno, i ty nejtrapnější části
he told him everything he could tell him
řekl mu všechno, co mu mohl říct
he showed him everything he could show him
ukázal mu všechno, co mu ukázat mohl
He presented his wound to him
Předložil mu svou ránu
he also told him how he had fled today
také mu vyprávěl, jak dnes utekl
he told him how he ferried across the water

řekl mu, jak se převozil přes vodu
a childish run-away, willing to walk to the city
dětský úprk, ochotný chodit do města
and he told him how the river had laughed
a řekl mu, jak se řeka smála
he spoke for a long time
mluvil dlouho
Vasudeva was listening with a quiet face
Vasudeva naslouchal s tichou tváří
Vasudeva's listening gave Siddhartha a stronger sensation than ever before
Vasudevův poslech dal Siddhárthovi silnější pocit než kdy předtím
he sensed how his pain and fears flowed over to him
cítil, jak se na něj jeho bolest a strach přelévaly
he sensed how his secret hope flowed over him
cítil, jak přes něj proudila jeho tajná naděje
To show his wound to this listener was the same as bathing it in the river
Ukázat své zranění tomuto posluchači bylo stejné jako vykoupat se v řece
the river would have cooled Siddhartha's wound
řeka by Siddhárthovu ránu ochladila
the quiet listening cooled Siddhartha's wound
tichý poslech zchladil Siddhárthovu ránu
it cooled him until he become one with the river
chladilo ho to, až se sjednotil s řekou
While he was still speaking, still admitting and confessing
Zatímco ještě mluvil, stále přiznával a přiznával
Siddhartha felt more and more that this was no longer Vasudeva
Siddhártha stále více cítil, že už to není Vasudeva
it was no longer a human being who was listening to him
už to nebyl člověk, kdo ho poslouchal
this motionless listener was absorbing his confession into himself

tento nehybný posluchač vstřebával do sebe své přiznání
this motionless listener was like a tree the rain
tento nehybný posluchač byl jako strom déšť
this motionless man was the river itself
tento nehybný muž byla sama řeka
this motionless man was God himself
tento nehybný muž byl sám Bůh
the motionless man was the eternal itself
nehybný člověk byl sám věčný
Siddhartha stopped thinking of himself and his wound
Siddhártha přestal myslet na sebe a své zranění
this realisation of Vasudeva's changed character took possession of him
toto uvědomění si Vasudeva změněného charakteru ho zmocnilo
and the more he entered into it, the less wondrous it became
a čím více do toho vstupoval, tím méně to bylo úžasné
the more he realised that everything was in order and natural
tím víc si uvědomoval, že je vše v pořádku a přirozené
he realised that Vasudeva had already been like this for a long time
Uvědomil si, že Vasudeva byl takový už dlouho
he had just not quite recognised it yet
jen to ještě úplně nepoznal
yes, he himself had almost reached the same state
ano, on sám téměř dosáhl stejného stavu
He felt, that he was now seeing old Vasudeva as the people see the gods
Cítil, že nyní vidí starého Vasudeva, jako lidé vidí bohy
and he felt that this could not last
a cítil, že to nemůže vydržet
in his heart, he started bidding his farewell to Vasudeva
ve svém srdci se začal loučit s Vasudevou
Throughout all this, he talked incessantly
Během toho všeho neustále mluvil

When he had finished talking, Vasudeva turned his friendly eyes at him
Když domluvil, Vasudeva na něj přátelsky obrátil oči
the eyes which had grown slightly weak
oči, které trochu zeslábly
he said nothing, but let his silent love and cheerfulness shine
neřekl nic, ale nechal zazářit svou tichou lásku a veselost
his understanding and knowledge shone from him
zářilo z něj jeho porozumění a znalosti
He took Siddhartha's hand and led him to the seat by the bank
Vzal Siddhártha za ruku a vedl ho k sedadlu u banky
he sat down with him and smiled at the river
přisedl si k němu a usmál se na řeku
"You've heard it laugh," he said
"Slyšel jsi, že se to směje," řekl
"But you haven't heard everything"
"Ale ty jsi neslyšel všechno"
"Let's listen, you'll hear more"
"Poslouchejme, uslyšíš víc"
Softly sounded the river, singing in many voices
Tiše zněla řeka a zpívala mnoha hlasy
Siddhartha looked into the water
Siddhártha se podíval do vody
images appeared to him in the moving water
v pohybující se vodě se mu zjevovaly obrazy
his father appeared, lonely and mourning for his son
objevil se jeho otec, osamělý a truchlící pro svého syna
he himself appeared in the moving water
on sám se objevil v pohybující se vodě
he was also being tied with the bondage of yearning to his distant son
byl také svázán poutem touhy ke svému vzdálenému synovi
his son appeared, lonely as well
objevil se jeho syn, také osamělý

the boy, greedily rushing along the burning course of his young wishes
chlapec, který se chtivě řítí po spalujícím kurzu svých mladých přání
each one was heading for his goal
každý mířil za svým cílem
each one was obsessed by the goal
každý byl posedlý cílem
each one was suffering from the pursuit
každý z nich trpěl pronásledováním
The river sang with a voice of suffering
Řeka zpívala hlasem utrpení
longingly it sang and flowed towards its goal
toužebně zpívalo a plynulo ke svému cíli
"Do you hear?" Vasudeva asked with a mute gaze
"Slyšíš?" zeptal se Vasudeva s němým pohledem
Siddhartha nodded in reply
Siddhártha v odpověď přikývl
"Listen better!" Vasudeva whispered
"Poslouchejte lépe!" zašeptal Vasudeva
Siddhartha made an effort to listen better
Siddhártha se snažil lépe naslouchat
The image of his father appeared
Objevil se obraz jeho otce
his own image merged with his father's
jeho vlastní obraz splynul s obrazem jeho otce
the image of his son merged with his image
obraz jeho syna splynul s jeho obrazem
Kamala's image also appeared and was dispersed
Obraz Kamaly se také objevil a byl rozptýlen
and the image of Govinda, and other images
a obraz Govindy a další obrazy
and all the imaged merged with each other
a všechny vyobrazené se navzájem spojily
all the imaged turned into the river
všechny obrazy se proměnily v řeku

being the river, they all headed for the goal
být řekou, všichni mířili k cíli
longing, desiring, suffering flowed together
touha, touha, utrpení plynuly dohromady
and the river's voice sounded full of yearning
a hlas řeky zněl plný touhy
the river's voice was full of burning woe
hlas řeky byl plný palčivého běda
the river's voice was full of unsatisfiable desire
hlas řeky byl plný neukojitelné touhy
For the goal, the river was heading
K cíli mířila řeka
Siddhartha saw the river hurrying towards its goal
Siddhártha viděl, jak řeka spěchá ke svému cíli
the river of him and his loved ones and of all people he had ever seen
řeka jeho a jeho milovaných a všech lidí, které kdy viděl
all of these waves and waters were hurrying
všechny tyto vlny a vody spěchaly
they were all suffering towards many goals
všichni trpěli k mnoha cílům
the waterfall, the lake, the rapids, the sea
vodopád, jezero, peřeje, moře
and all goals were reached
a všech cílů bylo dosaženo
and every goal was followed by a new one
a po každém cíli následoval nový
and the water turned into vapour and rose to the sky
a voda se proměnila v páru a stoupala k nebi
the water turned into rain and poured down from the sky
voda se proměnila v déšť a slévala se z nebe
the water turned into a source
voda se proměnila ve zdroj
then the source turned into a stream
pak se zdroj změnil v potok
the stream turned into a river

potok se proměnil v řeku
and the river headed forwards again
a řeka opět mířila vpřed
But the longing voice had changed
Ale toužebný hlas se změnil
It still resounded, full of suffering, searching
Stále se ozývalo, plné utrpení, hledání
but other voices joined the river
ale k řece se přidaly další hlasy
there were voices of joy and of suffering
ozývaly se hlasy radosti i utrpení
good and bad voices, laughing and sad ones
dobré i špatné hlasy, smějící se i smutné
a hundred voices, a thousand voices
sto hlasů, tisíc hlasů
Siddhartha listened to all these voices
Siddhártha všem těmto hlasům naslouchal
He was now nothing but a listener
Nyní nebyl ničím jiným než posluchačem
he was completely concentrated on listening
zcela se soustředil na poslech
he was completely empty now
teď byl úplně prázdný
he felt that he had now finished learning to listen
cítil, že se nyní naučil naslouchat
Often before, he had heard all this
Tohle všechno už často slyšel
he had heard these many voices in the river
slyšel tolik hlasů v řece
today the voices in the river sounded new
dnes hlasy v řece zněly nově
Already, he could no longer tell the many voices apart
Už nedokázal rozeznat mnoho hlasů
there was no difference between the happy voices and the weeping ones
nebyl žádný rozdíl mezi šťastnými a plačícími hlasy

the voices of children and the voices of men were one
hlasy dětí a hlasy mužů byly jedno
all these voices belonged together
všechny tyto hlasy patřily k sobě
the lamentation of yearning and the laughter of the knowledgeable one
nářek touhy a smích znalého
the scream of rage and the moaning of the dying ones
křik vzteku a sténání umírajících
everything was one and everything was intertwined
všechno bylo jedno a všechno se prolínalo
everything was connected and entangled a thousand times
vše bylo tisíckrát spojeno a zapleteno
everything together, all voices, all goals
všechno dohromady, všechny hlasy, všechny cíle
all yearning, all suffering, all pleasure
všechna touha, všechno utrpení, všechna potěšení
all that was good and evil
všechno, co bylo dobré a zlé
all of this together was the world
tohle všechno dohromady byl svět
All of it together was the flow of events
Všechno to dohromady byl tok událostí
all of it was the music of life
všechno to byla hudba života
when Siddhartha was listening attentively to this river
když Siddhártha pozorně naslouchal této řece
the song of a thousand voices
píseň tisíce hlasů
when he neither listened to the suffering nor the laughter
když neposlouchal utrpení ani smích
when he did not tie his soul to any particular voice
když svou duši nepřipoutal k žádnému konkrétnímu hlasu
when he submerged his self into the river
když se ponořil do řeky

but when he heard them all he perceived the whole, the oneness
ale když je všechny slyšel, viděl celek, jednotu
then the great song of the thousand voices consisted of a single word
pak velká píseň tisíce hlasů sestávala z jediného slova
this word was Om; the perfection
toto slovo bylo Óm; dokonalost

"Do you hear" Vasudeva's gaze asked again
"Slyšíš?" zeptal se znovu Vasudevův pohled
Brightly, Vasudeva's smile was shining
Vasudevův úsměv jasně zářil
it was floating radiantly over all the wrinkles of his old face
zářivě se vznášel nad všemi vráskami jeho staré tváře
the same way the Om was floating in the air over all the voices of the river
stejným způsobem se Om vznášel ve vzduchu nad všemi hlasy řeky
Brightly his smile was shining, when he looked at his friend
Když se podíval na svého přítele, jeho úsměv jasně zářil
and brightly the same smile was now starting to shine on Siddhartha's face
a na Siddharthově tváři se nyní začal zářivě lesknout stejný úsměv
His wound had blossomed and his suffering was shining
Jeho rána rozkvetla a jeho utrpení zářilo
his self had flown into the oneness
jeho já letělo do jednoty
In this hour, Siddhartha stopped fighting his fate
V tuto hodinu přestal Siddhártha bojovat se svým osudem
at the same time he stopped suffering
zároveň přestal trpět
On his face flourished the cheerfulness of a knowledge
Na jeho tváři vzkvétala veselost poznání
a knowledge which was no longer opposed by any will

vědění, kterému se již nebránila žádná vůle
a knowledge which knows perfection
poznání, které zná dokonalost
a knowledge which is in agreement with the flow of events
poznání, které je v souladu s tokem událostí
a knowledge which is with the current of life
poznání, které je s proudem života
full of sympathy for the pain of others
plný soucitu s bolestí druhých
full of sympathy for the pleasure of others
plné sympatií pro potěšení druhých
devoted to the flow, belonging to the oneness
oddaný toku, patřící k jednotě
Vasudeva rose from the seat by the bank
Vasudeva vstal ze sedadla u banky
he looked into Siddhartha's eyes
pohlédl Siddhárthovi do očí
and he saw the cheerfulness of the knowledge shining in his eyes
a viděl, jak v jeho očích září veselost poznání
he softly touched his shoulder with his hand
jemně se dotkl rukou jeho ramene
"I've been waiting for this hour, my dear"
"Čekal jsem na tuto hodinu, má drahá"
"Now that it has come, let me leave"
"Teď, když to přišlo, nech mě odejít"
"For a long time, I've been waiting for this hour"
"Dlouho jsem čekal na tuto hodinu"
"for a long time, I've been Vasudeva the ferryman"
"Po dlouhou dobu jsem byl převozníkem Vasudeva"
"Now it's enough. Farewell"
"Teď už to stačí. Sbohem"
"farewell river, farewell Siddhartha!"
"Sbohem řeko, sbohem Siddhártha!"
Siddhartha made a deep bow before him who bid his farewell

Siddhártha se před ním, který se s ním rozloučil, hluboce uklonil
"I've known it," he said quietly
"Věděl jsem to," řekl tiše
"You'll go into the forests?"
"Půjdeš do lesů?"
"I'm going into the forests"
"Jdu do lesů"
"I'm going into the oneness" spoke Vasudeva with a bright smile
"Jdu do jednoty," řekl Vasudeva se zářivým úsměvem
With a bright smile, he left
Se zářivým úsměvem odešel
Siddhartha watched him leaving
Siddhártha ho sledoval, jak odchází
With deep joy, with deep solemnity he watched him leave
S hlubokou radostí, s hlubokou vážností ho sledoval odcházet
he saw his steps were full of peace
viděl, že jeho kroky jsou plné míru
he saw his head was full of lustre
viděl, že jeho hlava je plná lesku
he saw his body was full of light
viděl, že jeho tělo je plné světla

Govinda

Govinda had been with the monks for a long time
Govinda byl s mnichy dlouhou dobu
when not on pilgrimages, he spent his time in the pleasure-garden
když nebyl na poutích, trávil čas v zahradě potěšení
the garden which the courtesan Kamala had given the followers of Gotama
zahradu, kterou kurtizána Kamala dala stoupencům Gotamy
he heard talk of an old ferryman, who lived a day's journey away
slyšel mluvit o starém převozníkovi, který žil den cesty odtud
he heard many regarded him as a wise man
slyšel, že ho mnozí považují za moudrého muže
When Govinda went back, he chose the path to the ferry
Když se Govinda vrátil, zvolil cestu k trajektu
he was eager to see the ferryman
dychtil vidět převozníka
he had lived his entire life by the rules
žil celý svůj život podle pravidel
he was looked upon with veneration by the younger monks
mladší mniši na něj pohlíželi s úctou
they respected his age and modesty
respektovali jeho věk a skromnost
but his restlessness had not perished from his heart
ale jeho neklid z jeho srdce nevymizel
he was searching for what he had not found
hledal, co nenašel
He came to the river and asked the old man to ferry him over
Přišel k řece a požádal starého muže, aby ho převezl
when they got off the boat on the other side, he spoke with the old man
když vystoupili z lodi na druhé straně, promluvil se starým mužem

"You're very good to us monks and pilgrims"
"Jste k nám mnichům a poutníkům velmi hodní"
"you have ferried many of us across the river"
"mnoho z nás jste převezli přes řeku"
"Aren't you too, ferryman, a searcher for the right path?"
"Nejsi taky, převozníku, hledačem správné cesty?"
smiling from his old eyes, Siddhartha spoke
Siddhártha s úsměvem ze svých starých očí promluvil
"oh venerable one, do you call yourself a searcher?"
"Ó ctihodný, říkáš si hledač?"
"are you still a searcher, although already well in years?"
"Jste stále hledačem, i když už máte hodně let?"
"do you search while wearing the robe of Gotama's monks?"
"Hledáš, když máš na sobě roucho mnichů z Gotamy?"
"It's true, I'm old," spoke Govinda
"Je to pravda, jsem starý," řekl Govinda
"but I haven't stopped searching"
"ale nepřestal jsem hledat"
"I will never stop searching"
"Nikdy nepřestanu hledat"
"this seems to be my destiny"
"zdá se, že je to můj osud"
"You too, so it seems to me, have been searching"
"Ty taky, jak se mi zdá, jsi hledal"
"Would you like to tell me something, oh honourable one?"
"Chtěl bys mi něco říct, vážený?"
"What might I have that I could tell you, oh venerable one?"
"Co bych ti mohl říct, ctihodný?"
"Perhaps I could tell you that you're searching far too much?"
"Možná bych vám mohl říct, že hledáte příliš mnoho?"
"Could I tell you that you don't make time for finding?"
"Mohl bych ti říct, že si na hledání neuděláš čas?"
"How come?" asked Govinda
"Jak to?" zeptal se Govinda

"When someone is searching they might only see what they search for"
"Když někdo hledá, může vidět jen to, co hledá"
"he might not be able to let anything else enter his mind"
"možná nebude schopen dovolit, aby mu něco jiného vstoupilo na mysl"
"he doesn't see what he is not searching for"
"nevidí to, co nehledá"
"because he always thinks of nothing but the object of his search"
"protože vždy nemyslí na nic jiného než na předmět svého hledání"
"he has a goal, which he is obsessed with"
"má cíl, kterým je posedlý"
"Searching means having a goal"
"Hledat znamená mít cíl"
"But finding means being free, open, and having no goal"
"Ale najít znamená být svobodný, otevřený a nemít žádný cíl."
"You, oh venerable one, are perhaps indeed a searcher"
"Ty, ctihodný, jsi možná opravdu hledač."
"because, when striving for your goal, there are many things you don't see"
"protože když usiluješ o svůj cíl, je mnoho věcí, které nevidíš"
"you might not see things which are directly in front of your eyes"
"možná neuvidíte věci, které máte přímo před očima"
"I don't quite understand yet," said Govinda, "what do you mean by this?"
"Ještě tomu úplně nerozumím," řekl Govinda, "co tím myslíš?"
"oh venerable one, you've been at this river before, a long time ago"
"Ó, ctihodný, u této řeky jsi byl už dávno."
"and you have found a sleeping man by the river"
"a našel jsi spícího muže u řeky"
"you have sat down with him to guard his sleep"
"přisedl jsi si k němu, abys hlídal jeho spánek"

"but, oh Govinda, you did not recognise the sleeping man"
"ale, ó Govindo, nepoznal jsi spícího muže"
Govinda was astonished, as if he had been the object of a magic spell
Govinda byl ohromen, jako by byl předmětem magického kouzla
the monk looked into the ferryman's eyes
mnich pohlédl převozníkovi do očí
"Are you Siddhartha?" he asked with a timid voice"
"Jsi Siddhártha?" zeptal se nesmělým hlasem
"I wouldn't have recognised you this time either!"
"Ani tentokrát bych tě nepoznal!"
"from my heart, I'm greeting you, Siddhartha"
"Ze srdce tě zdravím, Siddhártha"
"from my heart, I'm happy to see you once again!"
"ze srdce, rád tě zase vidím!"
"You've changed a lot, my friend"
"Hodně ses změnil, příteli."
"and you've now become a ferryman?"
"a teď jste se stal převozníkem?"
In a friendly manner, Siddhartha laughed
Siddhártha se přátelsky zasmál
"yes, I am a ferryman"
"ano, jsem převozník"
"Many people, Govinda, have to change a lot"
"Mnoho lidí, Govindo, se musí hodně změnit."
"they have to wear many robes"
"musí nosit mnoho rób"
"I am one of those who had to change a lot"
"Jsem jedním z těch, kteří se museli hodně změnit"
"Be welcome, Govinda, and spend the night in my hut"
"Buď vítán, Govindo, a stráv noc v mé chýši"
Govinda stayed the night in the hut
Govinda zůstal přes noc v chatě
he slept on the bed which used to be Vasudeva's bed
spal na posteli, která bývala Vasudevovou postelí

he posed many questions to the friend of his youth
položil příteli svého mládí mnoho otázek
Siddhartha had to tell him many things from his life
Siddhártha mu musel říct mnoho věcí ze svého života

then the next morning came
pak přišlo další ráno
the time had come to start the day's journey
nadešel čas zahájit denní cestu
without hesitation, Govinda asked one more question
Govinda bez váhání položil ještě jednu otázku
"Before I continue on my path, Siddhartha, permit me to ask one more question"
"Než budu pokračovat ve své cestě, Siddhárto, dovol mi položit ještě jednu otázku."
"Do you have a teaching that guides you?"
"Máš nějaké učení, které tě vede?"
"Do you have a faith or a knowledge you follow"
"Máš víru nebo znalosti, které následuješ?"
"is there a knowledge which helps you to live and do right?"
"Existuje znalost, která ti pomáhá žít a jednat správně?"
"You know well, my dear, I have always been distrustful of teachers"
"Dobře víš, má drahá, vždy jsem byl nedůvěřivý k učitelům."
"as a young man I already started to doubt teachers"
"Už jako mladý muž jsem začal pochybovat o učitelích"
"when we lived with the penitents in the forest, I distrusted their teachings"
"Když jsme žili s kajícníky v lese, nedůvěřoval jsem jejich učení"
"and I turned my back to them"
"a otočil jsem se k nim zády"
"I have remained distrustful of teachers"
"Zůstal jsem nedůvěřivý k učitelům"
"Nevertheless, I have had many teachers since then"
"Nicméně od té doby jsem měl mnoho učitelů."

"A beautiful courtesan has been my teacher for a long time"
"Krásná kurtizána je mou učitelkou po dlouhou dobu"
"a rich merchant was my teacher"
"bohatý obchodník byl můj učitel"
"and some gamblers with dice taught me"
"a naučili mě někteří hazardní hráči s kostkami"
"Once, even a follower of Buddha has been my teacher"
"Kdysi byl mým učitelem dokonce i Buddhův následovník."
"he was travelling on foot, pilgering"
"cestoval pěšky, putoval"
"and he sat with me when I had fallen asleep in the forest"
"a seděl se mnou, když jsem usnul v lese"
"I've also learned from him, for which I'm very grateful"
"Také jsem se od něj naučil, za což jsem velmi vděčný."
"But most of all, I have learned from this river"
"Ale hlavně jsem se naučil z této řeky"
"and I have learned most from my predecessor, the ferryman Vasudeva"
"a nejvíce jsem se naučil od svého předchůdce, převozníka Vasudeva"
"He was a very simple person, Vasudeva, he was no thinker"
"Byl to velmi jednoduchý člověk, Vasudevo, nebyl žádný myslitel."
"but he knew what is necessary just as well as Gotama"
"ale věděl, co je nutné stejně dobře jako Gotama"
"he was a perfect man, a saint"
"Byl to dokonalý muž, svatý"
"Siddhartha still loves to mock people, it seems to me"
"Siddhártha stále miluje zesměšňování lidí, zdá se mi"
"I believe in you and I know that you haven't followed a teacher"
"Věřím ti a vím, že jsi nenásledoval učitele."
"But haven't you found something by yourself?"
"Ale nenašel jsi něco sám?"
"though you've found no teachings, you still found certain thoughts"

"ačkoli jsi nenašel žádné učení, přesto jsi našel určité myšlenky"
"certain insights, which are your own"
„určité poznatky, které jsou vaše vlastní"
"insights which help you to live"
"postřehy, které vám pomohou žít"
"Haven't you found something like this?"
"Nenašel jsi něco takového?"
"If you would like to tell me, you would delight my heart"
"Pokud bys mi to chtěl říct, potěšil bys mé srdce"
"you are right, I have had thoughts and gained many insights"
"Máš pravdu, měl jsem myšlenky a získal mnoho postřehů"
"Sometimes I have felt knowledge in me for an hour"
"Někdy jsem v sobě cítil poznání na hodinu"
"at other times I have felt knowledge in me for an entire day"
"jinak jsem v sobě cítil znalosti po celý den"
"the same knowledge one feels when one feels life in one's heart"
"stejné poznání, které člověk cítí, když cítí život ve svém srdci"
"There have been many thoughts"
"Bylo mnoho myšlenek"
"but it would be hard for me to convey these thoughts to you"
"ale bylo by pro mě těžké sdělit ti tyto myšlenky"
"my dear Govinda, this is one of my thoughts which I have found"
"Můj drahý Govindo, toto je jedna z mých myšlenek, kterou jsem našel"
"wisdom cannot be passed on"
"Moudrost nelze předávat"
"Wisdom which a wise man tries to pass on always sounds like foolishness"
"Moudrost, kterou se moudrý muž snaží předat dál, zní vždy jako hloupost."

"Are you kidding?" asked Govinda
"Děláš si srandu?" zeptal se Govinda
"I'm not kidding, I'm telling you what I have found"
"Nedělám si legraci, říkám ti, co jsem našel."
"Knowledge can be conveyed, but wisdom can't"
"Znalosti lze předávat, ale moudrost ne"
"wisdom can be found, it can be lived"
"Moudrost lze nalézt, lze ji žít"
"it is possible to be carried by wisdom"
"Je možné se nechat unést moudrostí"
"miracles can be performed with wisdom"
"zázraky lze konat s moudrostí"
"but wisdom cannot be expressed in words or taught"
"ale moudrost nelze vyjádřit slovy ani naučit"
"This was what I sometimes suspected, even as a young man"
"To bylo to, co jsem někdy tušil, dokonce i jako mladý muž."
"this is what has driven me away from the teachers"
"To je to, co mě vyhnalo od učitelů"
"I have found a thought which you'll regard as foolishness"
"Našel jsem myšlenku, kterou budete považovat za hloupost."
"but this thought has been my best"
"ale tahle myšlenka byla moje nejlepší"
"The opposite of every truth is just as true!"
"Opak každé pravdy je stejně pravdivý!"
"any truth can only be expressed when it is one-sided"
"jakákoli pravda může být vyjádřena pouze tehdy, je-li jednostranná"
"only one sided things can be put into words"
"pouze jednostranné věci lze vyjádřit slovy"
"Everything which can be thought is one-sided"
"Vše, co si lze myslet, je jednostranné"
"it's all one-sided, so it's just one half"
"Všechno je to jednostranné, takže je to jen jedna polovina"
"it all lacks completeness, roundness, and oneness"
"všemu chybí úplnost, kulatost a jednota"

"the exalted Gotama spoke in his teachings of the world"
"Vznešený Gotama mluvil ve svém učení o světě"
"but he had to divide the world into Sansara and Nirvana"
"ale musel rozdělit svět na Sansaru a Nirvánu"
"he had divided the world into deception and truth"
"rozdělil svět na klam a pravdu"
"he had divided the world into suffering and salvation"
"rozdělil svět na utrpení a spásu"
"the world cannot be explained any other way"
"svět nelze vysvětlit jinak"
"there is no other way to explain it, for those who want to teach"
"Neexistuje žádný jiný způsob, jak to vysvětlit, pro ty, kteří chtějí učit"
"But the world itself is never one-sided"
"Ale svět sám o sobě není nikdy jednostranný"
"the world exists around us and inside of us"
"svět existuje kolem nás a uvnitř nás"
"A person or an act is never entirely Sansara or entirely Nirvana"
"Osoba nebo čin není nikdy zcela Sansara nebo zcela Nirvana."
"a person is never entirely holy or entirely sinful"
"člověk není nikdy zcela svatý nebo zcela hříšný"
"It seems like the world can be divided into these opposites"
"Zdá se, že svět lze rozdělit na tyto protiklady"
"but that's because we are subject to deception"
"ale to je proto, že jsme vystaveni klamu"
"it's as if the deception was something real"
"Je to, jako by ten podvod byl něco skutečného"
"Time is not real, Govinda"
„Čas není skutečný, Govindo"
"I have experienced this often and often again"
"Zažil jsem to často a často znovu"
"when time is not real, the gap between the world and the eternity is also a deception"

"když čas není skutečný, propast mezi světem a věčností je také podvod"
"the gap between suffering and blissfulness is not real"
"Propast mezi utrpením a blažeností není skutečná"
"there is no gap between evil and good"
"mezi zlem a dobrem není propast"
"all of these gaps are deceptions"
"všechny tyto mezery jsou podvody"
"but these gaps appear to us nonetheless"
"ale tyto mezery se nám přesto zdají"
"How come?" asked Govinda timidly
"Jak to?" zeptal se Govinda nesměle
"Listen well, my dear," answered Siddhartha
"Dobře poslouchej, má drahá," odpověděl Siddhártha
"The sinner, which I am and which you are, is a sinner"
"Hříšník, který jsem já a který jsi ty, je hříšník"
"but in times to come the sinner will be Brahma again"
"ale v čase, který přijde, bude hříšníkem opět Brahma"
"he will reach the Nirvana and be Buddha"
"dosáhne nirvány a stane se Buddhou"
"the times to come are a deception"
"časy, které přijdou, jsou podvod"
"the times to come are only a parable!"
"Časy, které přijdou, jsou jen podobenství!"
"The sinner is not on his way to become a Buddha"
"Hříšník není na cestě stát se Buddhou"
"he is not in the process of developing"
"není v procesu vývoje"
"our capacity for thinking does not know how else to picture these things"
"naše schopnost myšlení neví, jak jinak si tyto věci představit"
"No, within the sinner there already is the future Buddha"
"Ne, v hříšníkovi už je budoucí Buddha."
"his future is already all there"
"jeho budoucnost už je tam"
"you have to worship the Buddha in the sinner"

"musíte uctívat Buddhu v hříšníkovi"
"you have to worship the Buddha hidden in everyone"
"Musíte uctívat Buddhu skrytého v každém"
"the hidden Buddha which is coming into being the possible"
"skrytý Buddha, který se stává možným"
"The world, my friend Govinda, is not imperfect"
"Svět, můj příteli Govindo, není nedokonalý"
"the world is on no slow path towards perfection"
"svět není na pomalé cestě k dokonalosti"
"no, the world is perfect in every moment"
"ne, svět je dokonalý v každém okamžiku"
"all sin already carries the divine forgiveness in itself"
"všechny hřích již v sobě nese božské odpuštění"
"all small children already have the old person in themselves"
"všechny malé děti už mají starého člověka v sobě"
"all infants already have death in them"
"všechny děti už mají v sobě smrt"
"all dying people have the eternal life"
"všichni umírající mají věčný život"
"we can't see how far another one has already progressed on his path"
"nevidíme, jak daleko již postoupil jiný na své cestě"
"in the robber and dice-gambler, the Buddha is waiting"
"V lupiči a hazardním hráči v kostky čeká Buddha"
"in the Brahman, the robber is waiting"
"v Brahmanu čeká lupič"
"in deep meditation, there is the possibility to put time out of existence"
"v hluboké meditaci existuje možnost vyřadit čas z existence"
"there is the possibility to see all life simultaneously"
"existuje možnost vidět celý život současně"
"it is possible to see all life which was, is, and will be"
"Je možné vidět veškerý život, který byl, je a bude"
"and there everything is good, perfect, and Brahman"

"a tam je všechno dobré, dokonalé a Brahman"
"Therefore, I see whatever exists as good"
"Proto vidím vše, co existuje, jako dobré"
"death is to me like life"
"smrt je pro mě jako život"
"to me sin is like holiness"
"Hřích je pro mě jako svatost"
"wisdom can be like foolishness"
"Moudrost může být jako hloupost"
"everything has to be as it is"
"vše musí být tak, jak je"
"everything only requires my consent and willingness"
"všechno vyžaduje pouze můj souhlas a ochotu"
"all that my view requires is my loving agreement to be good for me"
"Vše, co můj pohled vyžaduje, je můj láskyplný souhlas, že pro mě bude dobrý"
"my view has to do nothing but work for my benefit"
"Můj názor nemusí dělat nic jiného, než pracovat v můj prospěch"
"and then my perception is unable to ever harm me"
"a pak mi moje vnímání není schopno ublížit"
"I have experienced that I needed sin very much"
"Zažil jsem, že jsem velmi potřeboval hřích"
"I have experienced this in my body and in my soul"
"Zažil jsem to na svém těle a ve své duši"
"I needed lust, the desire for possessions, and vanity"
"Potřeboval jsem chtíč, touhu po majetku a marnivost"
"and I needed the most shameful despair"
"a potřeboval jsem to nejhanebnější zoufalství"
"in order to learn how to give up all resistance"
"abych se naučil, jak se vzdát veškerého odporu"
"in order to learn how to love the world"
"abychom se naučili milovat svět"
"in order to stop comparing things to some world I wished for"

"abych přestal srovnávat věci s nějakým světem, který jsem si přál"
"I imagined some kind of perfection I had made up"
"Představoval jsem si nějakou dokonalost, kterou jsem si vymyslel"
"but I have learned to leave the world as it is"
"ale naučil jsem se nechat svět takový, jaký je"
"I have learned to love the world as it is"
"Naučil jsem se milovat svět takový, jaký je"
"and I learned to enjoy being a part of it"
"a naučil jsem se užívat si toho být součástí"
"These, oh Govinda, are some of the thoughts which have come into my mind"
"Toto, ó Govindo, jsou některé z myšlenek, které mi přišly na mysl."

Siddhartha bent down and picked up a stone from the ground
Siddhártha se sehnul a zvedl ze země kámen
he weighed the stone in his hand
potěžkal kámen v ruce
"This here," he said playing with the rock, "is a stone"
"Tady," řekl, jak si hraje se skálou, "je kámen"
"this stone will, after a certain time, perhaps turn into soil"
"tento kámen se možná po určité době promění v půdu"
"it will turn from soil into a plant or animal or human being"
"promění se z půdy v rostlinu nebo zvíře nebo lidskou bytost"
"In the past, I would have said this stone is just a stone"
"V minulosti bych řekl, že tento kámen je jen kámen."
"I might have said it is worthless"
"Mohl jsem říct, že to nemá cenu"
"I would have told you this stone belongs to the world of the Maya"
"Řekl bych ti, že tento kámen patří do světa Mayů."
"but I wouldn't have seen that it has importance"
"ale neviděl bych, že je to důležité"

"it might be able to become a spirit in the cycle of transformations"
"mohlo by se stát duchem v cyklu proměn"
"therefore I also grant it importance"
"proto tomu také přikládám důležitost"
"Thus, I would perhaps have thought in the past"
"Takže bych si to možná v minulosti myslel"
"But today I think differently about the stone"
"Ale dnes si o kameni myslím jinak"
"this stone is a stone, and it is also animal, god, and Buddha"
"tento kámen je kámen a je to také zvíře, bůh a Buddha"
"I do not venerate and love it because it could turn into this or that"
"Neuctívám a nemiluji to, protože by se to mohlo změnit v to nebo ono"
"I love it because it is those things"
"Miluji to, protože to jsou ty věci"
"this stone is already everything"
"tento kámen je již vším"
"it appears to me now and today as a stone"
"zdá se mi teď a dnes jako kámen"
"that is why I love this"
"proto to miluji"
"that is why I see worth and purpose in each of its veins and cavities"
"Proto vidím hodnotu a účel v každé z jejích žil a dutin"
"I see value in its yellow, gray, and hardness"
"Vidím hodnotu v jeho žluté, šedé a tvrdosti"
"I appreciated the sound it makes when I knock at it"
"Ocenil jsem zvuk, který vydává, když na něj zaklepu"
"I love the dryness or wetness of its surface"
"Miluji sucho nebo mokro jeho povrchu"
"There are stones which feel like oil or soap"
"Jsou kameny, které se cítí jako olej nebo mýdlo"
"and other stones feel like leaves or sand"
"a ostatní kameny jsou jako listí nebo písek"

"and every stone is special and prays the Om in its own way"
"a každý kámen je zvláštní a svým vlastním způsobem se modlí Óm"
"each stone is Brahman"
"každý kámen je Brahman"
"but simultaneously, and just as much, it is a stone"
"ale zároveň a stejně tak je to kámen"
"it is a stone regardless of whether it's oily or juicy"
"je to kámen bez ohledu na to, zda je mastný nebo šťavnatý"
"and this why I like and regard this stone"
"a to je důvod, proč se mi tento kámen líbí a obdivuji ho"
"it is wonderful and worthy of worship"
"je to úžasné a hodné uctívání"
"But let me speak no more of this"
"Ale nenech mě už o tom mluvit"
"words are not good for transmitting the secret meaning"
"Slova nejsou dobrá pro předávání tajného významu"
"everything always becomes a bit different, as soon as it is put into words"
"všechno je vždy trochu jiné, jakmile se to vyjádří slovy"
"everything gets distorted a little by words"
"všechno se trochu zkresluje slovy"
"and then the explanation becomes a bit silly"
"a pak bude vysvětlení trochu hloupé"
"yes, and this is also very good, and I like it a lot"
"Ano, a to je také velmi dobré a moc se mi to líbí"
"I also very much agree with this"
"S tím také velmi souhlasím"
"one man's treasure and wisdom always sounds like foolishness to another person"
"Poklad a moudrost jednoho člověka vždy zní druhému jako pošetilost"
Govinda listened silently to what Siddhartha was saying
Govinda tiše naslouchal tomu, co Siddhártha říkal
there was a pause and Govinda hesitantly asked a question
nastala pauza a Govinda váhavě položil otázku

"**Why have you told me this about the stone?**"
"Proč jsi mi to řekl o tom kameni?"
"**I did it without any specific intention**"
"Udělal jsem to bez konkrétního záměru"
"**perhaps what I meant was, that I love this stone and the river**"
"možná jsem měl na mysli, že miluji tento kámen a řeku"
"**and I love all these things we are looking at**"
"a miluji všechny ty věci, na které se díváme"
"**and we can learn from all these things**"
"a můžeme se ze všech těchto věcí poučit"
"**I can love a stone, Govinda**"
"Můžu milovat kámen, Govindo"
"**and I can also love a tree or a piece of bark**"
"a taky můžu milovat strom nebo kousek kůry"
"**These are things, and things can be loved**"
"To jsou věci a věci se dají milovat"
"**but I cannot love words**"
"ale já neumím milovat slova"
"**therefore, teachings are no good for me**"
"proto mi učení není dobré"
"**teachings have no hardness, softness, colours, edges, smell, or taste**"
"učení nemají tvrdost, měkkost, barvy, okraje, vůni ani chuť"
"**teachings have nothing but words**"
"učení nemá nic než slova"
"**perhaps it is words which keep you from finding peace**"
"možná jsou to slova, která ti brání najít mír"
"**because salvation and virtue are mere words**"
"protože spása a ctnost jsou pouhá slova"
"**Sansara and Nirvana are also just mere words, Govinda**"
"Sansara a Nirvana jsou také pouhá slova, Govindo"
"**there is no thing which would be Nirvana**"
"neexistuje žádná věc, která by byla nirvána"
"**therefore Nirvana is just the word**"
" Proto je Nirvana jen to slovo"

Govinda objected, "Nirvana is not just a word, my friend"
Govinda namítl: "Nirvána není jen slovo, příteli."
"Nirvana is a word, but also it is a thought"
"Nirvána je slovo, ale také myšlenka"
Siddhartha continued, "it might be a thought"
Siddhártha pokračoval, „může to být myšlenka"
"I must confess, I don't differentiate much between thoughts and words"
"Musím se přiznat, že moc nerozlišuji mezi myšlenkami a slovy."
"to be honest, I also have no high opinion of thoughts"
"Abych byl upřímný, také nemám žádné vysoké mínění o myšlenkách"
"I have a better opinion of things than thoughts"
"Mám lepší mínění o věcech než myšlenky"
"Here on this ferry-boat, for instance, a man has been my predecessor"
"Například tady na tomto trajektu byl mým předchůdcem muž."
"he was also one of my teachers"
"byl také jedním z mých učitelů"
"a holy man, who has for many years simply believed in the river"
"svatý muž, který po mnoho let prostě věřil v řeku"
"and he believed in nothing else"
"a nevěřil v nic jiného"
"He had noticed that the river spoke to him"
"Všiml si, že k němu promluvila řeka."
"he learned from the river"
"učil se od řeky"
"the river educated and taught him"
"řeka ho vychovala a naučila"
"the river seemed to be a god to him"
"řeka se mu zdála být bohem"
"for many years he did not know that everything was as divine as the river"

„Dlouhá léta nevěděl, že všechno je božské jako řeka"
"the wind, every cloud, every bird, every beetle"
"vítr, každý mrak, každý pták, každý brouk"
"they can teach just as much as the river"
"mohou učit stejně jako řeka"
"But when this holy man went into the forests, he knew everything"
"Ale když tento svatý muž odešel do lesů, věděl všechno."
"he knew more than you and me, without teachers or books"
"Věděl víc než ty a já, bez učitelů nebo knih"
"he knew more than us only because he had believed in the river"
"Věděl víc než my jen proto, že věřil v řeku"

Govinda still had doubts and questions
Govinda měl stále pochybnosti a otázky
"But is that what you call things actually something real?"
"Ale je to, čemu říkáte věci, skutečně něco skutečného?"
"do these things have existence?"
"existují tyto věci?"
"Isn't it just a deception of the Maya"
"Není to jen podvod Mayů?"
"aren't all these things an image and illusion?"
"nejsou všechny tyto věci obrazem a iluzí?"
"Your stone, your tree, your river"
"Tvůj kámen, tvůj strom, tvoje řeka"
"are they actually a reality?"
"jsou skutečně realitou?"
"This too," spoke Siddhartha, "I do not care very much about"
"Tohle taky," řekl Siddhártha, "moc mě to nezajímá"
"Let the things be illusions or not"
"Ať jsou věci iluze nebo ne"
"after all, I would then also be an illusion"
"koneckonců, pak bych byl také iluzí"
"and if these things are illusions then they are like me"

"a pokud jsou tyto věci iluze, pak jsou jako já"
"This is what makes them so dear and worthy of veneration for me"
"To je to, co je pro mě dělá tak drahými a hodnými úcty"
"these things are like me and that is how I can love them"
"tyto věci jsou jako já a tak je mohu milovat"
"this is a teaching you will laugh about"
"toto je učení, kterému se budete smát"
"love, oh Govinda, seems to me to be the most important thing of all"
"Láska, ó Govindo, se mi zdá být nejdůležitější ze všech"
"to thoroughly understand the world may be what great thinkers do"
"důkladně porozumět světu může být to, co dělají velcí myslitelé"
"they explain the world and despise it"
"vysvětlují svět a pohrdají jím"
"But I'm only interested in being able to love the world"
"Ale mě zajímá jen to, abych mohl milovat svět"
"I am not interested in despising the world"
"Nemám zájem opovrhovat světem"
"I don't want to hate the world"
"Nechci nenávidět svět"
"and I don't want the world to hate me"
"a nechci, aby mě svět nenáviděl"
"I want to be able to look upon the world and myself with love"
"Chci mít možnost dívat se na svět a na sebe s láskou"
"I want to look upon all beings with admiration"
"Chci se dívat na všechny bytosti s obdivem"
"I want to have a great respect for everything"
"Chci mít velký respekt ke všemu"
"This I understand," spoke Govinda
"Tomu rozumím," řekl Govinda
"But this very thing was discovered by the exalted one to be a deception"

"Ale právě tato věc byla objevena vznešeným jako podvod."
"He commands benevolence, clemency, sympathy, tolerance"
"Nařizuje shovívavost, shovívavost, soucit, toleranci"
"but he does not command love"
"ale lásku nerozkazuje"
"he forbade us to tie our heart in love to earthly things"
"zakázal nám svazovat své srdce láskou k pozemským věcem"
"I know it, Govinda," said Siddhartha, and his smile shone golden
"Já to vím, Govindo," řekl Siddhártha a jeho úsměv zlatě zářil
"And behold, with this we are right in the thicket of opinions"
"A hle, s tím jsme přímo v houšti názorů"
"now we are in the dispute about words"
"nyní jsme ve sporu o slova"
"For I cannot deny, my words of love are a contradiction"
"Nemohu popřít, má slova lásky jsou v rozporu."
"they seem to be in contradiction with Gotama's words"
"Zdá se, že jsou v rozporu se slovy Gotamy"
"For this very reason, I distrust words so much"
"Právě z tohoto důvodu tolik nedůvěřuji slovům"
"because I know this contradiction is a deception"
"protože vím, že tento rozpor je podvod"
"I know that I am in agreement with Gotama"
"Vím, že souhlasím s Gotamou"
"How could he not know love when he has discovered all elements of human existence"
"Jak by mohl nepoznat lásku, když objevil všechny prvky lidské existence"
"he has discovered their transitoriness and their meaninglessness"
"objevil jejich pomíjivost a jejich nesmyslnost"
"and yet he loved people very much"
"a přesto velmi miloval lidi"
"he used a long, laborious life only to help and teach them!"

"použil dlouhý, namáhavý život jen k tomu, aby jim pomáhal a učil!"

"Even with your great teacher, I prefer things over the words"
"I s tvým skvělým učitelem dávám přednost věcem před slovy."

"I place more importance on his acts and life than on his speeches"
"Přikládám větší význam jeho činům a životu než jeho projevům"

"I value the gestures of his hand more than his opinions"
"Cením si gest jeho rukou více než jeho názorů"

"for me there was nothing in his speech and thoughts"
"pro mě nebylo nic v jeho řeči a myšlenkách"

"I see his greatness only in his actions and in his life"
"Vidím jeho velikost pouze v jeho činech a v jeho životě"

For a long time, the two old men said nothing
Ti dva staříci dlouho nic neříkali

Then Govinda spoke, while bowing for a farewell
Pak promluvil Govinda a uklonil se na rozloučenou

"I thank you, Siddhartha, for telling me some of your thoughts"
"Děkuji ti, Siddhártho, že jsi mi řekl pár svých myšlenek."

"These thoughts are partially strange to me"
"Tyto myšlenky jsou pro mě částečně cizí"

"not all of these thoughts have been instantly understandable to me"
"ne všechny tyto myšlenky mi byly okamžitě srozumitelné"

"This being as it may, I thank you"
"Je to jak chce, děkuji ti"

"and I wish you to have calm days"
"A přeji ti klidné dny"

But secretly he thought something else to himself
Ale tajně si o sobě myslel něco jiného

"This Siddhartha is a bizarre person"

"Tento Siddhártha je bizarní člověk"
"he expresses bizarre thoughts"
"vyjadřuje bizarní myšlenky"
"his teachings sound foolish"
"jeho učení zní hloupě"
"the exalted one's pure teachings sound very different"
"čisté učení vznešeného zní velmi odlišně"
"those teachings are clearer, purer, more comprehensible"
"tato učení jsou jasnější, čistší, srozumitelnější"
"there is nothing strange, foolish, or silly in those teachings"
"Na těch učeních není nic divného, hloupého nebo hloupého"
"But Siddhartha's hands seemed different from his thoughts"
"Ale Siddhárthovy ruce vypadaly jinak než jeho myšlenky."
"his feet, his eyes, his forehead, his breath"
"jeho nohy, jeho oči, jeho čelo, jeho dech"
"his smile, his greeting, his walk"
"jeho úsměv, jeho pozdrav, jeho chůze"
"I haven't met another man like him since Gotama became one with the Nirvana"
"Nepoznal jsem jiného muže jako on od té doby, co se Gotama spojil s Nirvánou."
"since then I haven't felt the presence of a holy man"
"Od té doby jsem necítil přítomnost svatého muže"
"I have only found Siddhartha, who is like this"
"Našel jsem jen Siddhártha, který je takový."
"his teachings may be strange and his words may sound foolish"
"jeho učení může být podivné a jeho slova mohou znít pošetile"
"but purity shines out of his gaze and hand"
"ale čistota září z jeho pohledu a ruky"
"his skin and his hair radiates purity"
"jeho kůže a vlasy vyzařují čistotu"
"purity shines out of every part of him"
"čistota září z každé jeho části"

"a calmness, cheerfulness, mildness and holiness shines from him"
"září z něho klid, veselost, mírnost a svatost"
"something which I have seen in no other person"
"něco, co jsem u nikoho jiného neviděl"
"I have not seen it since the final death of our exalted teacher"
"Neviděl jsem to od poslední smrti našeho vznešeného učitele"
While Govinda thought like this, there was a conflict in his heart
Zatímco Govinda takto přemýšlel, v jeho srdci byl konflikt
he once again bowed to Siddhartha
znovu se poklonil Siddhárthovi
he felt he was drawn forward by love
cítil, že ho láska táhne dopředu
he bowed deeply to him who was calmly sitting
hluboce se uklonil tomu, který klidně seděl
"Siddhartha," he spoke, "we have become old men"
"Siddhártha," řekl, "stali se z nás staří muži"
"It is unlikely for one of us to see the other again in this incarnation"
"Je nepravděpodobné, že by jeden z nás v této inkarnaci znovu viděl druhého."
"I see, beloved, that you have found peace"
"Vidím, milovaná, že jsi našel mír"
"I confess that I haven't found it"
"Přiznám se, že jsem to nenašel"
"Tell me, oh honourable one, one more word"
"Řekni mi, vážený, ještě jedno slovo"
"give me something on my way which I can grasp"
"dej mi něco na mé cestě, co mohu uchopit"
"give me something which I can understand!"
"Dejte mi něco, čemu rozumím!"
"give me something I can take with me on my path"
"Dej mi něco, co si můžu vzít s sebou na cestu"
"my path is often hard and dark, Siddhartha"

"Moje cesta je často těžká a temná, Siddhártho"
Siddhartha said nothing and looked at him
Siddhártha nic neřekl a podíval se na něj
he looked at him with his ever unchanged, quiet smile
podíval se na něj se svým stále nezměněným tichým úsměvem
Govinda stared at his face with fear
Govinda se strachem zíral na jeho tvář
there was yearning and suffering in his eyes
v jeho očích byla touha a utrpení
the eternal search was visible in his look
v jeho pohledu bylo vidět věčné hledání
you could see his eternal inability to find
mohli jste vidět jeho věčnou neschopnost najít
Siddhartha saw it and smiled
Siddhártha to viděl a usmál se
"Bend down to me!" he whispered quietly in Govinda's ear
"Skloň se ke mně!" tiše zašeptal Govindovi do ucha
"Like this, and come even closer!"
"Takhle a pojď ještě blíž!"
"Kiss my forehead, Govinda!"
"Polib mě na čelo, Govindo!"
Govinda was astonished, but drawn on by great love and expectation
Govinda byl ohromen, ale přitahován velkou láskou a očekáváním
he obeyed his words and bent down closely to him
uposlechl jeho slova a sklonil se těsně k němu
and he touched his forehead with his lips
a dotkl se rty jeho čela
when he did this, something miraculous happened to him
když to udělal, stalo se mu něco zázračného
his thoughts were still dwelling on Siddhartha's wondrous words
jeho myšlenky stále přebývaly nad Siddhárthovými úžasnými slovy
he was still reluctantly struggling to think away time

stále se neochotně snažil přemýšlet o čase
he was still trying to imagine Nirvana and Sansara as one
stále se snažil představit si Nirvánu a Sansaru jako jedno
there was still a certain contempt for the words of his friend
stále bylo jisté pohrdání slovy jeho přítele
those words were still fighting in him
ta slova v něm stále bojovala
those words were still fighting against an immense love and veneration
tato slova stále bojovala proti nesmírné lásce a úctě
and during all these thoughts, something else happened to him
a během všech těchto myšlenek se mu stalo něco jiného
He no longer saw the face of his friend Siddhartha
Už neviděl tvář svého přítele Siddhárthy
instead of Siddhartha's face, he saw other faces
místo Siddhárthovy tváře viděl jiné tváře
he saw a long sequence of faces
viděl dlouhý sled tváří
he saw a flowing river of faces
viděl proudící řeku tváří
hundreds and thousands of faces, which all came and disappeared
stovky a tisíce tváří, které všechny přicházely a mizely
and yet they all seemed to be there simultaneously
a přesto se zdálo, že jsou tam všichni současně
they constantly changed and renewed themselves
neustále se měnily a obnovovaly
they were themselves and they were still all Siddhartha's face
byli sami sebou a stále byli tváří Siddhárthy
he saw the face of a fish with an infinitely painfully opened mouth
viděl tvář ryby s nekonečně bolestivě otevřenou tlamou
the face of a dying fish, with fading eyes
tvář umírající ryby s vybledlýma očima

he saw the face of a new-born child, red and full of wrinkles
viděl tvář novorozeného dítěte, červenou a plnou vrásek
it was distorted from crying
bylo to zkreslené pláčem
he saw the face of a murderer
viděl tvář vraha
he saw him plunging a knife into the body of another person
viděl, jak vráží nůž do těla jiné osoby
he saw, in the same moment, this criminal in bondage
ve stejném okamžiku viděl tohoto zločince v otroctví
he saw him kneeling before a crowd
viděl ho klečet před davem
and he saw his head being chopped off by the executioner
a viděl, jak mu kat usekl hlavu
he saw the bodies of men and women
viděl těla mužů a žen
they were naked in positions and cramps of frenzied love
byli nazí v pozicích a křečích zběsilé lásky
he saw corpses stretched out, motionless, cold, void
viděl mrtvoly natažené, nehybné, studené, prázdné
he saw the heads of animals
viděl hlavy zvířat
heads of boars, of crocodiles, and of elephants
hlavy kanců, krokodýlů a slonů
he saw the heads of bulls and of birds
viděl hlavy býků a ptáků
he saw gods; Krishna and Agni
viděl bohy; Krišna a Agni
he saw all of these figures and faces in a thousand relationships with one another
viděl všechny tyto postavy a tváře v tisících vzájemných vztazích
each figure was helping the other
každá postava si pomáhala
each figure was loving their relationship

každá postava milovala svůj vztah
each figure was hating their relationship, destroying it
každá postava nenáviděla svůj vztah a ničila ho
and each figure was giving re-birth to their relationship
a každá postava znovuzrodila jejich vztah
each figure was a will to die
každá postava byla vůle zemřít
they were passionately painful confessions of transitoriness
byla to vášnivě bolestivá přiznání pomíjivosti
and yet none of them died, each one only transformed
a přesto žádný z nich nezemřel, každý se pouze proměnil
they were always reborn and received more and more new faces
byly vždy znovuzrozené a dostávaly stále nové a nové tváře
no time passed between the one face and the other
mezi jednou a druhou tváří neuplynul čas
all of these figures and faces rested
všechny tyto postavy a tváře odpočívaly
they flowed and generated themselves
proudily a generovaly samy sebe
they floated along and merged with each other
vznášeli se a splývali jeden s druhým
and they were all constantly covered by something thin
a všechny byly neustále zakryté něčím tenkým
they had no individuality of their own
neměli žádnou vlastní individualitu
but yet they were existing
ale přesto existovaly
they were like a thin glass or ice
byly jako tenké sklo nebo led
they were like a transparent skin
byly jako průhledná kůže
they were like a shell or mould or mask of water
byly jako skořápka, plíseň nebo maska vody
and this mask was smiling
a tato maska se usmívala

and this mask was Siddhartha's smiling face
a tato maska byla Siddharthova usměvavá tvář
the mask which Govinda was touching with his lips
maska, které se Govinda dotýkal svými rty
And, Govinda saw it like this
A Govinda to viděl takto
the smile of the mask
úsměv masky
the smile of oneness above the flowing forms
úsměv jednoty nad plynoucími formami
the smile of simultaneousness above the thousand births and deaths
úsměv simultánnosti nad tisíci narozeními a úmrtími
the smile of Siddhartha's was precisely the same
Siddhárthův úsměv byl přesně stejný
Siddhartha's smile was the same as the quiet smile of Gotama, the Buddha
Siddhárthův úsměv byl stejný jako tichý úsměv Gotamy, Buddhy
it was delicate and impenetrable smile
byl to jemný a neproniknutelný úsměv
perhaps it was benevolent and mocking, and wise
možná to bylo shovívavé, posměšné a moudré
the thousand-fold smile of Gotama, the Buddha
tisícinásobný úsměv Gotamy, Buddhy
as he had seen it himself with great respect a hundred times
jak to sám stokrát s velkou úctou viděl
Like this, Govinda knew, the perfected ones are smiling
Govinda věděl, že takhle se ti dokonalí usmívají
he did not know anymore whether time existed
už nevěděl, zda existuje čas
he did not know whether the vision had lasted a second or a hundred years
nevěděl, zda vize trvala vteřinu nebo sto let
he did not know whether a Siddhartha or a Gotama existed
nevěděl, zda existuje Siddhártha nebo Gotama

he did not know if a me or a you existed
nevěděl, jestli existuje já nebo ty
he felt in his as if he had been wounded by a divine arrow
cítil se ve svém, jako by byl zraněn božským šípem
the arrow pierced his innermost self
šíp pronikl do jeho nitra
the injury of the divine arrow tasted sweet
zranění božským šípem chutnalo sladce
Govinda was enchanted and dissolved in his innermost self
Govinda byl okouzlen a rozpuštěn ve svém nitru
he stood still for a little while
chvíli stál na místě
he bent over Siddhartha's quiet face, which he had just kissed
sklonil se nad Siddhárthovou tichou tváří, kterou právě políbil
the face in which he had just seen the scene of all manifestations
tvář, ve které právě viděl scénu všech projevů
the face of all transformations and all existence
tvář všech proměn a veškeré existence
the face he was looking at was unchanged
tvář, na kterou se díval, se nezměnila
under its surface, the depth of the thousand folds had closed up again
pod jeho povrchem se hloubka tisíce záhybů opět uzavřela
he smiled silently, quietly, and softly
usmál se tiše, tiše a tiše
perhaps he smiled very benevolently and mockingly
možná se usmál velmi blahosklonně a posměšně
precisely this was how the exalted one smiled
přesně tak se ten vznešený usmíval
Deeply, Govinda bowed to Siddhartha
Govinda se Siddhárthovi hluboce poklonil
tears he knew nothing of ran down his old face
po jeho staré tváři stékaly slzy, o kterých nic nevěděl
his tears burned like a fire of the most intimate love

jeho slzy hořely jako oheň nejdůvěrnější lásky
he felt the humblest veneration in his heart
cítil ve svém srdci nejskromnější úctu
Deeply, he bowed, touching the ground
Hluboce se uklonil a dotkl se země
he bowed before him who was sitting motionlessly
uklonil se před nehybně sedícím
his smile reminded him of everything he had ever loved in his life
jeho úsměv mu připomněl všechno, co kdy v životě miloval
his smile reminded him of everything in his life that he found valuable and holy
jeho úsměv mu připomněl všechno, co v životě považoval za cenné a svaté

www.ingramcontent.com/pod-product-compliance
Lightning Source LLC
Chambersburg PA
CBHW012003090526
44590CB00026B/3850